引爆原力

创业破局的财富密码

朱小明　张文强◎主编

From 0
to
1 million

中华工商联合出版社

图书在版编目（CIP）数据

引爆原力：创业破局的财富密码/朱小明，张文强
主编. —北京：中华工商联合出版社，2023.12
　ISBN 978-7-5158-3827-4

　Ⅰ.①引… Ⅱ.①朱… ②张… Ⅲ.①创业—研究
Ⅳ.① F241.4

中国国家版本馆 CIP 数据核字（2024）第 003342 号

引爆原力：创业破局的财富密码

作　　者：	朱小明　张文强
出 品 人：	刘　刚
图书策划：	华韵大成·陈龙海
责任编辑：	胡小英　楼燕青
装帧设计：	王玉美　王　俊
责任审读：	付德华
责任印制：	陈德松
出版发行：	中华工商联合出版社有限责任公司
印　　刷：	三河市九洲财鑫印刷有限公司
版　　次：	2024 年 1 月第 1 版
印　　次：	2024 年 1 月第 1 次印刷
开　　本：	710mm×1000mm　1/16
字　　数：	180 千字
印　　张：	13
书　　号：	ISBN 978-7-5158-3827-4
定　　价：	68.00 元

服务热线：010 — 58301130 — 0（前台）
销售热线：010 — 58302977（网店部）
　　　　　010 — 58302166（门店部）
　　　　　010 — 58302837（馆配部、新媒体部）
　　　　　010 — 58302813（团购部）
地址邮编：北京市西城区西环广场 A 座
　　　　　19 — 20 层，100044
http://www.chgslcbs.cn
投稿热线：010 — 58302907（总编部）
投稿邮箱：1621239583@qq.com

从心出发

转眼之间，我们已经进入了数字时代。数字时代与人工智能、大数据、区块链、元宇宙相关联，知识结构的落差促进了马太效应，进一步挤压了草根创业者的成长空间，与此同时，经济下行与行业内卷加剧，创业难度也在进一步加大。

与此同时，没有资源、没有背景，也没有学识的草根创业者在成长的道路上要经历的磨难也会变得更多。

但是，我们发现草根创业者中创业成功的不乏其人，而且他们当中有很多共性。这一点很重要，因为我们要做的一件事就是帮助更多的草根创业者实现人生逆袭。可是，人们都知道成功不能复制，那我们又怎么学习呢？

学习什么？学习草根创业者走过的道路和经历过程中的心得体会，从无到有的开创精神和从一无所有到应有尽有的创造能力。

无须长篇大论地说教，因为信息爆炸的时代不缺那些正确的废话，缺的是脚踏实地、勤劳肯干的落地精神，所以本书的主角就是与你我一样的普普通通的草根创业者，他们的真实感受淬炼出对市场、对行业、对客户的深度理解与洞察。这里面能够看到他们曾经挥汗如雨、风餐露宿的影子，能看到面对困难时的无惧眼神，以及获得认可后鲜花与掌声背后的激动泪水。

罗曼·罗兰的《约翰·克利斯朵夫》中有一句话是这么说

的："从来没有人读书，只有人在书中读自己，发现自己或检查自己。"所以，我们这本书真正的主角应该是我们自己，从书中看到自己的影子，或者对照书中的人物找到自己应该学习、改进的地方。针对这一点，我们有足够的信心，因为书中的这些人物不是虚构的，他们就在我们身边，并且从他们身上能够看到更多的草根创业者。

对于有心人，这是一本能够读出自己的书，书中也许没有你想得到的创业秘籍，有的只是一个个有血有肉、普普通通的小人物，所谓的草根创业者。从他们身上我们能够找到自己的影子，甚至会想这就是曾经的自己，也会感叹为什么不是现在的自己？因为他们都已经不是曾经的自己，而是已经上岸或者有了一点点成绩的自己。

为什么？因为我们倡导的是要向有结果的人去学习，他们是有结果的，也可以算是今后的我们吧。

学习就是一个发现自己的过程，如同创业其实是一种修行。我们选取的不是具有某些先天禀赋或者出生就含着金钥匙的天之骄子，这些草根创业者曾经的故事甚至让我们感到辛酸，但他们今天达成的结果也让我们赞叹，所谓的人生逆袭其实并不是神话。

我们提出逆袭人生的草根创业，要从心出发。

因为有心，所以他们遇到的挑战、走过的弯路、遇到的问题和经过的挑战都弥足珍贵，这些过程中的思路、感受、总结出的经验与得失都是用血、汗、泪水浇灌出的美丽花朵，也是指引后来者通向美好未来的路标。

讲道理是容易的，好为人师也是每个过来人的通病，但道理之所以不是真理，是因为道理总会随着不同人的理解而不断地变化着说法。真理则不同，它们简单、有效、恒定、经受得住时间与市场的检验，把道理活成真理其实就是每一个草根创业者创业的真实写照，因为在他们心中道理可以很多，有结果才是真理。

陆楠

北京玖红科技有限公司董事长

在创业的花园里挖呀挖呀挖

创业是一个充满魅力的词汇，是大多数普通人改变人生轨迹，创造生命奇迹的一个选项。

但创业过程中不仅仅有鲜花和掌声，更多的是汗水、泪水，众多创业者的经历告诉我们创业成功不易，能够坚持到底的更是凤毛麟角。对于草根创业者尤为如此，因为草根创业者的背景、出身、学历、资源等条件的限制，创业成功的难度系数更大。大环境的变化等诸多因素影响，创业环境变得愈加严峻。在此形势下，帮助广大草根创业者找到有助于创业成功的关键要素，让平凡的家庭也能有人成龙成凤，因为他们的改变会带动整个草根群体的进步，从这个角度上看这件事的意义不言而喻。

于是，我们便开始研究草根创业有没有普遍适用的共性特征、原则规律，可借鉴模板。但又听说成功不可复制，毕竟不同时代的商业机遇、经济政策，每个人的背景、条件、基础都不同，又怎么能够复制其他人的成功呢？

但是，草根创业者该不该学习呢？向谁学习？学习什么？怎样学习？

我觉得学习不是为了简单地模仿复制，而是在思想上提高认知、在行动上举一反三。

向谁学习变得很重要，他们不应该是滔滔不绝的理论专家，更不能是大言不惭、指点江山、隔岸观火的公知。最有发言权的是已经上岸的那些人，于是我们选择一个这样的"花园"，他们曾经像你我一样都是草根，当年他们种下的种子今天已经绽放出美丽的花朵，我们可以在这个美丽的花园里面挖呀挖，挖出他们之所以有今天的成就的根本所在，最后集结为本书。通过这个过程，我们深知草根创业的困难，主要在于心，显现的成分是格局、视野、言行、成果，实现人生逆袭的创富密码其实很简单。

好消息是草根创业逆袭人生的密钥找到了，就在本书中。

在国内，支付行业的发展超过 10 年，在不断地完善成熟。其推广团队也发展成为具有一定规模、懂营销、懂金融，具有商业竞争力的金融业务营销大军。其中涌现出不少优秀的销售精英、业务高手、服务达人，他们中的很多人出身背景平常，但在这个领域短时间就创造出优秀的业绩，个人成就发展及生活品质也得到了提升。

我们的访谈对象均来自玖红企业，这是一家支付行业的草根创业孵化平台，为创业者提供产品、技术、营销、技能培训、团队赋能一套完整的支持系统。

目前，支付行业的推广销售属于传统的推销模式，因为进入门槛不高，市场比较大，依赖销售人员本身的销售技能与积极心态，加之广大商户与企业普遍有需求、业务也比较透明，所以在推广上能够给予客户差异化的竞争优势并不容易。合格的业务员要在专业上要对产品、竞品、行业有深入的了解，学习金融、营销、法律、客户管理等相关知识；对客户的经验状况、市场需求、心理有精准的把握，更要对客户做好长期维护；如果要有更大发展就要管理销售团队，做好管理和激励工作；还要具有一定得创新精神，利用新媒体、移动互联网等树立自己的个人品牌，拓展更大的市场空间。

朱小明

高级企业培训师

　　朱小明老师一直在关注草根创业群体，并于 2015 年开始对此做系统研究，他相信有结果比有道理更重要，所以坚持让有结果的人来做帮助草根创业者成长的事。通过草根创业成功者，已经收获百万年薪伙伴的亲身经历、现身说法，穿透创业这件事表面厚厚的伪装与防护，破解出百万年薪草根创业的密码。

　　如何突破草根创业的阶层属性，实现百万年薪的答案就在这本书中。本书不是专家高屋建瓴地指导，做高深莫测的完美解释，或者隔靴搔痒式的说教，因为这些对于广大的草根创业者来说都是无用的话。

　　这是一本有温度的书。这里的每个案例都不是故事而是创业者的亲身经历。从他们身上，我们可以学习到一种精神，那种精神是向往美好未来的理想，是我命由我不由天的豪情，是脚踏实地躬身前行的务实。

　　这是一本有想法的书。这里面记录的是草根创业者的创业经历，他们都已是上岸的人，但正如他们的想法，创业真正的成功是帮助更多人上岸。一本书能否改变一个人的人生我们不敢断言，但相信认真品读这本书的朋友都会有所裨益，其中的草根创业者朋友更能从中找到共鸣，并获取一些过来人的智慧，在今后的创业道路上少走一些弯路，多一些高人相助。

　　这是一本有意思的书，也可以算是一本没有说教的草根创业理论书。我们创新式地提出了"创业动力源""草根创业公式"，应该属于整个创业界的首创；同时，这也是一本可以实操的工具书，如果读者朋友严格按照我们设定的计划去执行，21 周之后肯定会发现自己已经完成了蜕变，无论是在思想、精神、市场推广能力方面都会有所收获。

张文强
互联网实验数字营销研究中心执行主任

21周蝶变 实现逆袭的人生

从一条肥胖的毛毛虫蜕变成为人见人爱的花蝴蝶，需要经历一个漫长的成长、修炼、蜕变的过程。毫无疑问，奇迹是熬出来的，因为思想需要成长、智慧需要沉淀、财富需要积累。

创业是一种习惯，而一个人形成一个习惯至少需要 21 天的时间。如果你是一名草根创业者，希望通过学习实现人生的逆袭，请给自己一次机会以及足够的时间——21 周，而这也是我们给大家提供的解决方案的时间。

这本书需要你在 21 周读完，也只需要 21 周，之后你就可以把这本书收藏或者送给他人。要提醒你的是，这本书不是一本普通的创业书，这里没有那么多豪言壮语和励志鸡汤。但这本书也许价值百万，前提是你按照我们提供的方案、路径认真地执行每一个步骤。世界上最伟大的力量是专注，所以你要做的事情就是，每周认真地阅读一篇，不折不扣地完成自我修炼作业并以此落实到行动中，得到结果则是自然而然、水到渠成的事，因为雄心的一半是耐心，成功的一半是等待，仅此而已。

我们不能保证每一个草根创业者，一定可以成功上岸；因为每个人的条件、体质、遇到的机遇与风浪都不同，但我们可以保证每一位按照本书认真落实每一天、每一周的创业者一定可以掌握实现百万年薪的创富密码，而这个过程的价值已经超过百万。

另外，本书中蕴藏着我们经过多年深入草根创业者、培训 30 多万人次、超过 1 000 场培训、深度访谈超过 300 小时帮助草根创业者找到的七个创富密码，如果按照本书的提示进行修炼，你也可以得到。

张文强

互联网实验数字营销研究中心执行主任

第 **1** 章

第 **2** 章

第 **3** 章

第 6 章

第 **7** 章

第 1 章

第①周
提升认知最关键

第②周
创业要有节奏感

第③周
保持开放遇高人

※

· 一个人的见识是改变他内在结构最有效的方式。

· 学习和学习力是两回事，只看书没有感受是不行的。看到一个字、一个词，或者一个人的言行举止，都是可以学习的方向。有机会独处的时候，要会反思：第一点，当时对方为什么这么说话，用的那个词要表达的是什么意思；第二点，有什么深层的意思；第三点，该怎么运用。

· 草根创业不能走捷径，心越急，越干不好事；心不急了，事反而会成。

· 创业就像婚姻一样，需要有智慧、有技巧，不要过于紧绷，要有节奏感。

※

第 **1** 章

第 **1** 周

提升认知最关键

<<< 人物故事 >>>

于亚平

我是一个崇尚自由的人，从小就不愿意被别人管束，喜欢随心而走，我才愿意做，才有动力做，也才能做好。进入职场 20 多年没打过工，都是给自己干，开过发廊，卖过垃圾桶、地板、服装等，和弟弟开过涂料厂，最后走进支付行业，一干就是十年。

2009 年，我和弟弟创业时，每天晚上都开着一辆小破车去垃圾站找寻废旧的桶，每天快天亮才回家，车经常在路上抛锚，当时我们又傻又天真，只有力气没脑子，但我们相信我们可以在北京留下来，再脏再累我们也不怕！

我始终相信：精诚所至，金石为开！

你赚的每一分钱，都是对这个世界认知的变现

草根创业的秘诀如果有的话，一定是认知。经过与多位成功的草根创业者的深度交流，我们发现认知是逆袭人生、改变命运的核武器，因为认知是可以提升的，认知是可以学习的，认知是可以改变的。草根创业者之所以难以实现人生逆袭，更多的原因是被认知所困。认知不同则思路不同、心态不同、选择不同、结果不同。可以说，不同的认知造就了不同的人生。

所以，作为草根创业者我们更需要明白：

· 你所赚的每一分钱，都是你对这个世界认知的变现。

· 你所亏的每一分钱，都是你对这个世界认知有缺陷。

· 你永远赚不到超出你认知范围之外的钱，除非你靠运气。

· 靠运气赚到的钱，最后也会因实力不足而亏掉。

这个世界最大的公平就在于：当一个人的认知不足以驾驭他所拥有的财富时，这个社会会以数千种方法"收割"他，直到他的财富和认知相匹配为止。

视界决定世界，思路决定出路，想法决定活法。在农村，很大一部分人不知道读书究竟有什么用，他们喜欢追求短期的、显而易见的利益。在这种认知下，他们认为让孩子出去打工是最有效的赚钱方式。

真正的贫穷就是你的认知支撑不起你的野心，所以，你必须升级进化自己的认知：

※ 过去创业靠的是勤奋，现在靠的是团队。

※ 以前做企业要想办法吸引顾客，现在要想办法吸引流量。

※ 传统企业团队靠管理，现在靠的是机制和吸引。

那么，我们应该如何提升呢？这里有几点建议：

※ 拓展不同的圈子，跟对人、做对事。

※ 接纳不同的思想。

※ 保持终身学习的态度，这个时代最缺的就是向下生长的能力。

还有一种方法就是自我进化，简单说就是要重新认识我们所在的世界，重新下定义：

※ 你怎么定义创业？创业是什么？

※ 你怎么定义财富？钱是什么？

※ 你怎么定义失败？失败是什么？

当我们的认知提升后，格局以及看待世界的眼光就完全不一样了，一个全新的世界就会展现在我们眼前。

于亚平很小的时候就带着弟弟来北京闯荡，当时人生地不熟，举目无亲。因为学历不高，她只能先做卖服装的小生意。在不断地努力打拼之后，现在的她带了很多人一起创业，还成就了几十位年薪百万的伙伴。

于亚平先上岸了，之后带着更多的伙伴一起上岸，最值得佩服的是她实打实地帮助了很多草根伙伴创业成功了。从某种意义上来说，她不仅是一个创业者，也是一名创业者的导师。于亚平是一本很厚的书，值得我们细细品读。从于亚平的成长经历中，我们能够领悟认知改变人生的重要性。

一个人的见识是改变内在结构最有效的方式

于亚平： 1997 年，也就是在我 15 岁那年就没有再读书了。我只是初中学历。那个年代刚流行农民工进城，我父母也随着这个大潮去了长春。家里就只剩我和 12 岁的弟弟，那时候家里确实很困难。从那时起，我就有一个梦想，无论如何一定要走出那个小山村。

十七八岁时，我去长春待了两年，在那里遇到一个北京的朋友。于是 21 岁左右，我来到北京，在这里看到了大都市的繁华景象，跟老家是完全不同的两个世界。我知道这里就是我梦开始的地方，想着一定要在这里扎下根，带着家人过上好日子。

我对自己的人生是有规划和目标的，10 年上一个台阶，21 岁的目标是我必须在北京活下来。于是，我和弟弟就开始努力干，从那时起到现在经历了 22 年的拼搏。前 10 年做服装生意，后来先后卖过垃圾桶、地板等，也当过服务员，开过发廊，一路跌跌撞撞，好多行业都尝试过。那时，生意起起伏伏，日子过得也很坎坷，没有安全感，人可能就是越没有安全感的时候，越渴望安定下来。于是，我又定了个 10 年目标，那就是必须在北京买房子。我跟弟弟就开始研究要在这里买房子，把户口迁过来，把爸妈接过来，要存多少钱，我就向着这些目标努力。21 岁来京，25 岁就在北京买了房子，也买了车，虽然只是国产奇瑞 QQ 汽车，但我的目标也算实现了。

当时每天大概能挣三五百元钱，除了必要的日常开销，剩下的钱都会存起来。

25 岁的我在北京大兴买了第一套房。这个房子是靠省吃俭用买下来的。后来，我在河北又买了一套房。有了房子，我的心就安定下来了。后来，我给弟弟也买了一套。27 岁之前，我给弟弟买了一辆车跑生意，我的奇瑞 QQ 也换成了雪佛兰。那时候的我，卡里有了 30 多万元的现金存款，再加上两套房，跟弟弟一人一辆车。

30 岁的我也到了谈婚论嫁的年纪，我的要求就是一定要有北京户口，人还要老实、能过日子。通过朋友介绍，最后如愿以偿找到了一个北京人，就是我现在的老公，他人很不错。

主持人（张文强，后文统一用"主持人"简称）： 我觉得这一点要向您学习。有一种说法是，自助者天助之。于总的想法简单而直接，就是想留在北京，要结婚成家，就一定要找一个北京人结婚，最后就遇到了对的人。

于亚平： 婚后不久，我便进入了玖红企业。我发现企业里的所有人都爱学习、爱看书。在没有遇见他们之前，我是不看书的，从初中毕业就一直在忙着打拼，至于成长、学识、认知等方面都没有进步。

当我看到玖红公司成为一个支付行业的草根创业孵化平台，为每一个草根创业者提供了产品、技术、营销、技能培训、团队赋能等一套完整的创业支持系统。这彻底打开了我的认知。我们都知道支付行业十年来已经是一个相对成熟的行业，所有从业者共同培养的用户习惯、市场刚需不会改变，行业真正赚钱的时代刚刚开始。而互联网的流量正在被重新分配，流量流向哪里？谁能创造优质内容，谁能为用户创造价值，谁就能拥有流量。

同样，支付行业的交易量也正在被重新分配，在不同的支付公司之间重新分配，在不同业务模式、体量和规模的代理商之间重新分配。交易量流向哪里？谁更专业，谁更努力，谁更稳定，谁更靠谱，谁更能为客户和伙伴创造价值，谁的交易量就多。通过在玖红平台的学习，我对支付行业有了更多的认知，也不断提升了自己的学习能力和业务能力。

环境确实能影响一个人，我深度思考了一下自己要变成什么样的人。便开始一点点地去改变自己。我从周围优秀的人身上学到了很多东西，同时也尝到了知识带给我的甜头。

主持人： 听了以上的叙述，是不是可以这么说：您最开始的梦想是留在北京，到玖红之后又看到一群人，这群人跟自己原来接触的圈层不一样，您的第二个目标就是要留在玖红或者成为这样的人。

于总的分享里有几个核心的东西，比如说人为什么想要改变自己的命运，或者说一定有背后的原动力，她渴望摆脱贫穷，需要把安全感掌握在自己手中。因为觉醒得早，所以当她来到大城市，感受到了北京大都市的繁华就想在北京扎根下去。一个人的见识是改变她内在结构最有效的方式。有见识才有胆识，有胆识，你才有想法。到了玖红企业之后，看到一群不一样的人，就想要融入这群人当中。

所以说，看到即得到。必须要先看到，看到之后，你的心就会有得到的想法。每个人其实都应该去看看外面的世界，看到与你不一样的世界，你才有机会去重构自己。

这对草根创业者来讲尤其重要，因为我接触过很多朋友，他们之所以不成功，其中很重要的一点就是经常更换目标，今天看这个赚钱就去了，明天看那个赚钱又去了，没有恒心，就没有定力，没有专注。

看到玖红企业这么多爱学习的人，您也想要学习，那您是怎么学的呢？我很好奇，因为毕竟您只有初中学历。

学习和学习力是两回事

于亚平：以前是不懂学习和学习力的区别，后来才知道学习和学习力是两回事，只看书没有感受是不行的，我看到一个字和一个词的时候，或者你说的话、你的言行举止，我觉得这些都是可以学习的内容，不只是看书。一个人独处时我也会反思：第一点，当时对方为什么这么说话，用的那个词要表达的是什么意思；第二点，他说的深层意思是什么；第三点，该怎么运用。

然后，我就想我和他有什么区别？看到差距和区别，我就能找到自己努力的方向。再去做，去弥补这个差距。

主持人：从于总这里我看到了一个人觉醒的过程。当一个人可以通过对方的言行，看到自己与对方的差距，就会清楚自己该往哪个方向走，而这也是自我发现的过程。

于亚平：确实，我认识朱老师好几年了，我发现每次他和人聊天，总能进入对方的灵魂深处。我就会思考，为什么他就能站在那个点上跟对方聊天，他到底经历了什么，或者他是怎么做到的。于是，我就对朱老师特别感兴趣，就开始研究他。当我遇见比自己厉害的人的时候，我都会研究他为什么会这样去做事，他的底层逻辑是什么，为什么我没有。在这个过程中，我可能就在慢慢地成长了。

本周自修页（焦点思维表格）

· 根据阅读心得，聚焦核心问题，专注思考。
· 要求填满每一个表格，不用考虑是否合理或严谨，可以替换调整顺序，可增加但不能减少。
· 长期坚持，你会发现任何问题至少有八个以上的解决思路。

1	2	3
8	我最大的收获是	4
7	6	5

1	2	3
8	我发现自己的差距是	4
7	6	5

1	2	3
8	我立刻应该采取的行动是	4
7	6	5

第 1 章

第 **2** 周

创业要有节奏感

慢就是快，草根创业不能走捷径

主持人： 有没有在创业过程中让您记忆深刻，或者让您觉得特别有感触的一件事？

于亚平： 2012 年，当时很多人在炒房，我也跟着一起炒。

当时我贷款在大兴投了几套房。

而那时的状况却是刚生完孩子才几个月的我和老公都没有工作，我们还要还房贷、车贷。最终，我们的贷款支撑不了那些大额支出。我压力特别大，有一种天塌地陷的感觉。这么多年，我也看到很多像当年的我一样的人在不熟悉的领域，头脑一热就盲目跟进，最后造成了不可挽回的损失。

客观来说，这也是很多草根创业者容易犯的一个错误。一听别人说能挣钱，而且看到别人也挣到钱了，就蜂拥而上，结果就成韭菜被别人割了。不在我们认知范围内的，我们根本就控制不了。

主持人： 那时的您是怎么从低谷中走出来的？当时是怎么想，怎么做的呢？

于亚平： 那个时候的我连孩子的奶粉钱都没有了。作为一个妈妈，爱孩子是天性，所以我得出去赚钱。于是，我开始在网上找工作，很偶然的机会看到了一个金融行业的广告，就打了电话。从 2013 年到现在，我一直在这个行业里干，因为我觉得，干什么都需要聚焦和专注。

主持人： 因为之前的经历，不管是做服装，还是做其他行业，您都没有接触过金融行业。对于这样一个全新的领域，是需要跨越门槛的，而且在那么大的经济压力下，要急于改变自己的生活状况，在遇到一些挑战时，您是怎么处理的？

于亚平： 当时确实遇到了很多挑战。首先是还贷的压力，我当时的目标很明确，就是拼命挣钱，保证能还上最低的月供，这样不至于让自己上黑名单，还有就是让孩子能喝上奶粉。

那时家里没人能帮忙带孩子，为了还债，我只好一边工作一边带娃。但是，一边创业一边带孩子真的很难。孩子跟着我遭了不少罪：他两岁时，我带着他去装机，结果差点把他弄丢了；还有一次在我工作时，没注意到他，结果孩子的手被夹在车门缝里了……一边被银行催债，一边要照顾孩子，一边还要带团队，那段日子对我来说，真的是太难了。因为我没有钱请团队里的人吃饭，白天我带着大家出去扫街，晚上回家给他们烙饼，然后擀面条、包饺子。

虽然那时候条件艰苦，但我也希望让团队的伙伴们能感受到温暖和爱。

主持人： 我能感觉到，在这么大的经济压力下，进入一个新的行业，并希望快速把事业做起来，缓解自己的经济压力，所以在带团队的时候虽然给不了太多物质条件，但是您把爱和热情传递给了大家。

于亚平： 我压力最大的时候每个月要还款 5 万元，那时经常睡不着觉，或是半夜就醒了，想得最多的就是这每个月要进账 5 万，我必须赚到这么多钱，不然就没办法生活下去了。当时的我在公司身兼数职，还要照顾年幼的孩子。难受的时候，我只能背着大家哭一哭。毕竟屋里还有那么多的团队伙伴，我要照顾好他们的情绪。

主持人： 孩子不能扔、伙伴不能扔、事业不能扔、债务也不能扔，这个时候你只能把自己交出去。

于亚平： 这个过程现在说起来觉得很轻松，但是当时真经历起来就知道有多难。

我儿子是坐在我的车上长大的，因为那个车能装着我的产品，孩子也能坐，还能装菜、进货。

主持人：那个车拉的是您的希望和未来，还有当下的那份艰辛。车一旦承载了梦想，它就不是一辆简单的车了。在于总分享过往的辛酸时，我们也听得眼含热泪。听朱老师说，现在您不仅自己成就了百万年薪，还培养了很多伙伴都达到了这样一个标准。那么创业过程当中，您觉得最值得骄傲的是什么呢？

于亚平：最骄傲的有两点，第一就是家人对我的支持。老公从不认可到认可，儿子因为从小就跟着我，现在的他在学习上很独立也很拼，可能是我在潜移默化中影响到他了。

第二就是我的伙伴们，虽然他们和我一样，都是草根出身，但他们肯学，肯干，你不用怎么去教育管理他们，他们自然就会模仿你。我感觉，不管是家庭领导力和事业领导力，一定要你先做到，你做到以后，他看见了也就会了。

我对他们都很真诚，他们也同样对我真诚。在这样的团队氛围中，大家都很舒服，做起事来也很用心。慢慢地，大家都达到年薪百万了。回头再看之前走过的路，走捷径心态真的伤害很大。

主持人：您的意思是说不能走捷径，为什么会有这样一个感觉？

于亚平：草根创业不能走捷径，因为之前我走过所谓的捷径，心越急，越干不好事。心不急了，事儿反而会成。所以，凡事我们都要做好路径规划，有秩序感地活着，就是做任何事情都要有节奏感。

主持人：谋定而后动，从于总这里我们还能看出一点，要成功就要设定好目标，做好规划，每一步都按部就班地做，就可以达到目标，而且你不能急，有时候往往是"慢就是快、少就是多"。

于亚平：因为我走捷径抄近路吃过亏。21岁来北京，前10年都是按照目标走的。后来，我经过反思，以为自己还得走原来的路才是最正确的。

在创业的过程中，我也是这样去影响我的伙伴、教育我的伙伴，跟他们分享要有目标地走，听得懂就跟得上，最终我们互相成就、互相成长。

创业就像婚姻一样，不要太过于紧绷，要有节奏感

主持人： 在漫长的创业过程中，人不是机器，一定会有疲劳期，有的时候可能您会想停下来歇一歇，您有过创业过程中的疲劳期吗？是怎么挺过来的？

于亚平： 创业从 0 到 1 的过程是最难的，我经常会感到力不从心、能力不够、精力跟不上。我觉得创业跟婚姻是一样的，你会有无数次想离婚、想放弃的念头。

那怎么才能坚持下来呢？只有继续往前走。真的感到很崩溃的时候，就停下来休息一下。我在一本书上看到过这么一句话："真正的领导人都要懂得休息。"

人的一生就是 3 万多天，工作是做不完的。我老公也经常劝我，钱永远赚不完，要把它当成事儿干，然后再供养自己的生活，这样才有价值。所以，我们要学会调整、平衡，赚钱的目的是拥有更美好的生活。有时候，停下来也是一个充电的过程。当你的电充好了，就又能继续奔跑了。

主持人： 很有启发，确实像您提到的，创业就像婚姻一样，而且婚姻的经营也是需要有智慧和技巧的，不要太过紧绷，要有一个节奏感。

于亚平： 节奏的把握要自己找平衡感，事业、家庭、心灵、健康等。你要找到一种平衡，只有这样你才能走得更远。这里不管哪一个先崩了，你都走不下去，健康崩了，是不是就停止了？家庭崩了，创业的意义在哪儿呢？心灵崩了，那跟行尸走肉又有什么区别？虽说创业是一件很重要的事儿，但它并不是我们生命的全部。

主持人： 其实，家庭、事业、个人的身心健康等这些对于草根创业者来讲特别重要。

从于总的分享中我们学到了很多，比如说我们的目标要清晰，然后要做好

每个阶段的设计，同时也要强化自己在某些方面的认知，更好地去把控。同时，做事不能过于着急，要按部就班，因为凡事都有规律，你要违背规律、拔苗助长肯定是不行的。

朱小明：从于总身上能够看得出来，作为一个草根创业者按照这样一个路径或者方法去做的话，是可以得到一个成功的结果的。节奏感、平衡感、目标感，是完全可以去复制的。在她身上，你能感受到什么？这种平衡感也告诉我们一个很现实的意义，因为创业是一场马拉松，需要的是你稳定而持续地发力，需要你有耐力、耐心和专注。同时，你还要在这个过程中掌握一种长跑的节奏，最终你会发现到达终点就只是一个结果而已。

主持人：于总，您可以送给我们草根创业者一句忠告或者你的一句格言吗？

于亚平：我希望所有的草根创业者，不管是你的人生还是事业，心诚最重要。正所谓：精诚所至，金石为开。

创业点评：约定十年，创业的长期主义

1. 渴望改变命运是驱动创业者的重要力量。于亚平小时候经历的贫困和不安全感激发了她追求安全感和改变命运的渴望。她为了实现这个目标，勇敢地离开家乡，来到大城市寻求机会。这段经历提醒其他创业者，要根据自身的渴望和目标，有明确的动力去追求创业的机会，同时也要保持积极的心态，在面对困难时保有坚持和勇气。

2. 见识的拓宽和学习的重要性。于亚平在加入玖红企业后，发现自己的学识和认知水平与周围的高管及老板有很大的差距。她意识到要提升自己，需要不断学习和模仿那些优秀的人。这个经历强调了创业者拓宽自己的见识和学习的重要性。通过学习和与优秀的人接触，创业者可以获得新的知识和思维方式，提升自己的能力，并更好地适应创业的挑战。

3. 确定目标和专注的重要性。于亚平在不断追求安全感和改变命运的过程中，设定了明确的目标，并保持专注和恒心。她在吃苦耐劳的同时，坚定地积攒资金购买房产，实现了自己的目标。这个经历提醒创业者，要有明确的目标，并为之努力奋斗，同时要保持专注，避免频繁更换目标导致分散注意力和资源。

4. 学习力和观察力的重要性。于亚平在创业过程中意识到学习和学习力的区别，她不仅注重阅读书籍，还学会从身边的人和事物中学习。她观察他人的言行举止，思考对方的深层意思，并研究成功人士背后的故事和思考的方式。这种观察和学习的习惯帮助她找到自己与他人的差距，并找到了自我成长的方向。这个经历提醒创业者要保持敏锐的观察力和学习力，善于从周围环境中获取启示和学习资源。

5. 找到自己的独特优势和价值。于亚平在面对经济困境和压力时，她意识到自己能给团队和家庭带来的最珍贵的东西是爱和热情。她发现自己在带团队

和处理困境时能够传递出这种力量，用自己的情感影响和激励他人。这个经历提醒创业者要发现并发挥自己的独特优势和价值，用自己的特质和情感去塑造团队和事业，并帮助他人实现目标。

6. 从过去的失败中吸取教训。于亚平坦言自己曾经走过捷径，但最终失败了且损失不小。她强调草根创业者不能急于求成，而是要制定目标、规划路径，并按部就班地前进。她认识到成功需要时间和耐心，不能违背规律，过于急躁只会适得其反。这个经历提醒创业者要吸取过去的失败经验，踏实地、有规律地努力迈向成功。

7. 寻求平衡和调整的重要性。于亚平在创业过程中经历了体力和心力的疲劳期，但她学会了及时调整和休息。她强调在创业中要有节奏感，要在工作、家庭和个人生活之间寻找平衡，充电和治愈自己的身心。她认识到人生是有限的，工作是无穷的，因此要学会调整平衡，以便更好地追求美好生活。这个经历提醒创业者要注意自身的身心健康，并在工作和生活之间寻找平衡，以保持长期的创业动力和持续的发展。

8. 坚持长期主义。于亚平拒绝一夜暴富的机会主义。有一句话讲，我们常高估一年的变化，低估十年的变化，其实伟大都是"熬"出来的。如果你选对了赛道，掌握了比赛的规则和技巧，剩下的交给耐心、交给时间，老天自有安排。人生就是三万多天的马拉松比赛，你要在自己的赛道上耐心地跑下去，才能听到财富的声音。

本周自修页（焦点思维表格）

· 根据阅读心得，聚焦核心问题，专注思考。

· 要求填满每一个表格，不用考虑是否合理或严谨，可以替换调整顺序，可增加但不能减少。

· 长期坚持，你会发现任何问题至少有八个以上的解决思路。

1	2	3
8	我最大的收获是	4
7	6	5

1	2	3
8	我发现自己的差距是	4
7	6	5

1	2	3
8	我立刻应该采取的行动是	4
7	6	5

第　1　章

第 **3** 周

保持开放遇高人

<<< 人物故事 >>>

王森克

曾经从事过的职业：服装厂打工 1 年，汽车配件厂打工 4 年，电脑绣花厂创业 10 年，卖烟 5 个月，酒批发 2 年，在支付行业已经做了 8 年。

21 岁开始创业，坚守 10 年绣花厂，以为勤奋、坚持就可以，结果是 10 年一场空。2015 年开始接触支付行业，通过了解，市场很大，至今已坚持 8 年。始终坚信：终身学习、极致利他、长期主义。

创业需要高人相助，有渴望就会遇到高人

草根创业的过程中，少不了高人相助。我们也常常羡慕那些周围有丰富人脉的人，因为谁都知道这样一句话，人脉就是钱脉，人气就是财气。

经常会有人问这样一个问题，为什么我遇不到那么多高人？其实，高人就在我们身边。孔子说，三人行，必有我师。与我们同行的人中就会有我们的高人，只不过他们都披上了一层神秘的面纱。

怎样才能找到我们身边的高人呢？其实答案很简单。

你尊重谁，你仰视谁，谁就会成为你的高人。

你尊重你的爱人，仰视你的爱人，他就会成为你的高人。

你尊重你的合伙人，仰视你的合伙人，他就会成为你的高人。

你爱你的孩子，尊重他的老师，仰视他的老师，老师就会成为你孩子的高人。

你尊重你的岳父，仰视你的岳母，他们就会成为你的高人。

这个公式可以用在任何的人际关系上，你仰视谁、尊重谁，谁就会成为你的高人。

你轻视谁、指责谁，谁就是你的障碍。

经营团队的法则是不要轻视任何人，永远不要蔑视任何人。

保持开放，就能遇高人；一旦封闭，就遇不到高人

主持人：王森克在我们整个采访的嘉宾当中应该属于重量级的人物，而且他的名字也让人印象深刻，希望我们的探讨也能深刻一点。下面请您介绍一下您的创业经历。

王森克：我叫王森克，1986 年生人，16 岁辍学，刚开始上班时一个月的收入是 750 元钱。有一次，我问小姑电脑绣花能挣多少钱？小姑说，我们干半年休息半年，一个人一年能挣 15 000 元，我想我一年才挣 9 000 元钱。于是，20 岁的我开始创业做电脑绣花。当时，我凑了 4 万元钱，租了一个地方，进了一台机器，便开始干。第一年，我就挣了 2 万多元；第二年，我的收入翻了 3 倍。我开始增加设备，贷款买了 3 台设备，每年挣的钱也越来越多，10 年时间，从 1 台设备干到了 32 台设备。但随着这个行业整体开始慢慢下滑，整体的需求量也少了，一年挣 5 万元钱，也没啥意思了。我结婚生子，赚的钱也基本押在 32 台设备上了，长了 10 岁，添了辆最便宜的车。当时，我想这个行业不行了该怎么办，还有没有必要再坚持下去。最终，我下了一个很大的决定——转行。转行不是说转就能转的。之后我进入了一个迷茫期，不知道下一步要干什么，这是最痛苦的一件事。归零的感觉特别不好，媳妇也整天唠叨。

于是，我开始疯狂地找项目。看到有个哥们在我们当地卖饼卷肉一年能挣十几万元，我就跟媳妇商量卖饼卷肉。商量好立马就干，媳妇去学习烙饼，我学习煮骨头。学成归来后，我们便置办了炉子、饼铛和大锅，在厂子大院子里支了口锅，开始煮骨头烙饼，请大家来试吃。第一天请来了二三十个人，吃完后大家都说挺好。临走的时候，有个哥哥说了句话让我印象深刻。他说，兄弟饼烙得挺好，骨头煮得也挺好，但是你打算卖一辈子饼卷肉吗？能不能开成大饭店？一年能挣多少钱？什么时候能买得起房子？什么时候能换得起好车？几句话深深地扎到了我的痛处，灵魂之问，问得我很疼，我也没说别的。

第二天，我又张罗了一帮兄弟开始吃喝，大家评价都还可以。临走的时候，又有一位大哥问我说这生意打算怎么做？是出摊、开店，还是开个大饭店？我说想开个小店，投资 10 万元左右，一年基本能回本。大哥问我能不能开成大饭店？到底能挣多少钱，今年多大岁数了。其实这两个哥哥都挺看好我的，说我能力挺强，最终落到卖饼真是有点大材小用了。

把大家都送走了以后，我又在做了深度思考后，跟媳妇商量，烙饼不能烙一辈子，既然我们把厂子放弃掉了，就得选一个好的行业、有前途的行业干下去。第三天，我不再请客了，因为这不是我想要的。后来，我又卖过烟、卖过酒，却没干好。

过了一段时间，我哥给我打了一个电话。我哥是郑州大学金融系毕业的，2007 年去上海的一家证券公司工作。2008 年金融危机来了，他手里的那些钱全套进去了，还欠了几十万元的债。他也颓废了好几年，2015 年出来打算自己干，代理了一款 POS 机产品，就给我打电话，问我要不要一起做。我说，我不会。他说，不会可以学。

第二天，我就买了火车票，到上海待了一周，跟着他学习。我感觉这个事还行，就打算拿回来卖卖看。当时，很多小微商户都没有 POS 机。结果，50 台机器两天时间就卖完了，一下挣了 1 万多。之后两个多月，我又卖了 2 000 多台，挣了几十万元。翻身翻得这么快，推销出去 2 000 多台机器，然后又认识了 2 000 多个人，我的整个圈子发生了改变。以前在绣花行业里只认识做手套、做服装的那些老板，都是做绣花行业上下游的，全是跟工厂打交道。

后来，帮中小企业做资金周转，也挣了不少，我知道资金周转的整个过程，今天安排完了，明天钱就回来了。2016 年的时候，我就挣到了人生中第一个百万年薪，持续且稳定。

2017 年底的时候，马英秋找到我，向我推广她的产品。我说我做的产品效益比较好，所以我并未接受。到了 2018 年 4 月，政策调整后，行业变化比较大。

这期间，马总找我很多次。从 2018 年 1 月到 6 月，每个月都会找我聊一聊，这半年马总做了很多功课。

2017 年 12 月，马总第一次找我的时候，店员给我打电话说，来了个五六十岁的大姐来推广 POS 机产品。当时我就乐了，因为在我印象里做业务做招商的，很少有五六十岁的。于是，我便推辞了。但是，马总从我店里出来后，就跟店员要了我的电话，立马给我打过来，说她是从北京过来招商的，来自玖红公司，他们公司是做 POS 机产品的，看什么时候有空坐一起聊一聊。我说这两天出差了，要三两天才回去。

三天后，马总没打电话就直接过来了。她在做了简单的自我介绍后，就开始聊业务。她说她们的设备品质好，机器百分百不跳码。当时，我就否定了她。我说，我从 2015 年开始做这个行业，做了这么多年，就没有遇到过不跳码的。然后，我给马总留了三个问题。这次谈话就结束了。

马总带着问题走了。一个月后，她又来了，还打开一个本子，逐一把我上次提的问题一一解答了。当时，我很震惊，因为我从没遇到过这么认真的人。然后，她又跟我聊了 4 个百分百的事。她说可以让我开一台机器先试试，我坚持说三个月，三个月以后肯定会跳码，这是支付行业的规律。马总就拿出来后台数据给我看，但我对此并不是太感兴趣，又鉴于她是刚入行不久，很多专业知识都不太懂，于是我又给她留了三个问题。我跟我的店员说，这个老大姐以后肯定不会再来了。一个月后，马总又推门就进来了，手里还拎着香蕉橘子，说，王总，我又来看你了。正当我发愁这老太太咋又来了时，马总开口了，说她就是过来坐会儿，喝口水。这一次，我们什么业务也没聊，就聊了生活、创业经历、教育孩子等，我们聊得很投机。又过了一个月，马总给我打电话，她和她领导正好路过我那儿，想去我那儿坐一会儿，那天，我正好特别忙，所以就和她们约定，晚上请她们吃饭。见面后，我们聊了很多业务方向的事情。虽然当时于总收入还没有我多，但是在聊到专业话题时，我发现她对支付行业有着深入的了解，比我厉害多了。当时，于总说了一句话让我印象深刻，她说你在辛集确实很厉害，但你有没有想过把你的生意做到石家庄、做到河北省、做到全国去？这句话点燃了我心中早已存在的伟大梦想的火种。

主持人： 您遇到了您生命中的好几个高人：第一批高人是您想要做卷饼时点醒您的那两个大哥；第二位肯定就是马总，她坚持不懈地与你沟通；第三位是于总，她的一句话，点燃了您想要做更大市场的火种。

王森克： 确实，我的格局一下子就被打开了。其实，之前我是有想法的，想把生意做到周边县，做到石家庄，但是条件不允许。

聊完后，我说请她们去吃饭。马总说，不用了，她们还要去别的地方开招商会。我说吃完饭再走也不急。于是，她们团队的 14 个人和我们核心团队的七八个人坐到了一起。吃饭的时候我明显感觉到桌子上的氛围不一样，他们团队所有人的眼里都有光，都很温暖。这是不寻常的一天，这顿饭对我的影响也很大。过了一个月，马总又来了，开始让我搞测试。我试了大概有一个月的时间，也没发现什么问题。马总建议我还可以做做招商。

2018 年 6 月 9 日的招商会，北京总部在通州的一个山里搞团建，马总给我打电话，让我必须得去。因为这次会议很重要，请了重量级的老师来上课。

参加完 4 天 3 夜的封闭式培训后，我说先拿 1 000 台产品回去试一试。时间紧，任务重，回到老家，我便开始布局。7 月 1 日，公司说让我组织一场招商会。同时给我的招商会配了三位老师来讲解，结果，现场来了 150 人，又出了 500 台货。后来，7 月份就把刚进的 1 000 台产品出完了。

8 月份总部正好有个会议，我哥说他也要跟我一起去看看。我们一行 12 个人到公司参加团建。回来后，几人想把这事做大，一合计便拿定了主意，进了 1 万台设备，我哥帮我分了 3 000 台，然后几个朋友再一分基本上就分完了，创业的新阶段从那个时候正式开始。

朱小明： 所以这一步步的成长就是从一个小的生意，慢慢做成了一个全国性的大市场。重要的是，您认知在不断地提升。为什么王总能够在关键的节点遇到对的人？作为草根创业者，他有想法，感觉对了，哪怕是恐惧的也要往前走。

什么是高人，懂你的人就是你的高人。 那两个大哥懂王总，几句话就说到他心窝里去了；于总也一样，她懂王总，王总能不能走出辛集，能不能走出全省，能不能走到全国。为什么王总会遇到高人呢？因为他有渴望。当一个人真的有渴望的时候，高人就会出现。

很多人总说自己命不好，为什么就遇不到高人？其实他更应该考虑的是自己真的想改变了吗，真的下定决心要改变了吗。如果你没有下定决心，没人会主动说我帮你的。

当一个人有了这种强烈的渴望时，就会释放出巨大的能量，从而吸引到对的人、对的事。

当然，有的人遇到了高人，高人也点拨他了，但他不听或者说他有其他一些想法，没有按照高人的指点去思考，草根创业者要有对的思维模式，我们要用开放的心态去接受或尝试新事物。

王总在创业过程中就是持续保持着一个开放的状态，因为只有这样，才能让更大的能量场跟你形成链接。

这好比我们做一个药浴或熏蒸，毛孔必须在打开的时候，药才能进去。

于总的话让他一下子豁然开朗，他的人生格局及境界也就变得完全不同了。

唯有创业才能改变我们平凡人的不平凡

王森克：我不是一个做小买卖的眼界，不是养家糊口的眼界，而是像朱老师所提到的，一层一层地提升，格局也是从一个地区扩大到一个省，然后到全国。这种感觉完全不一样，我相信这种成就感也是完全不一样的。

主持人：可以预见，王总如果再重复这种经验，继续开放，继续带着更大的渴望往前走的话，他的未来一定是变得更加美好。人只要保持开放不封闭，保持谦恭和渴望，更大的绽放只需要交给时间就可以了。

刚才，王总给我们讲述了他的成长历程，里面蕴含着深刻的道理，值得我们每一个草根创业者学习。最后，也请您送给众多的草根创业者一句话或一句忠告吧！

王森克：最深刻的一句话是那天跟朱老师一块在桂林碰撞出来的，他问，你感觉创业是什么？为什么选择创业？我说，创业是平凡人翻身改变命运的唯一希望，唯有创业才能成就我们平凡人的不平凡。所以，创业是希望之光。

创业点评：创业就是一个自我提升的过程

1.从电脑绣花到卖饼卷肉，再到进入金融行业，王森克展示了他的创业勇气和变通能力。他能够及时观察市场趋势，并做出决策转变，放弃不景气的行业，寻找新的机会。这种灵活性是创业者成功的重要特质之一。

2.王森克在创业过程中经历了一些挫折和痛苦，特别是当他决定放弃绣花行业时，他进入了迷茫期。这表明创业路上会有困难和挑战，而面对这些困难需要坚定的决心和勇气。然而，他最终找到了新的机会，通过进入金融行业取得了成功。这个经历提醒了创业者要保持积极的心态，在困难面前不要轻易放弃，要寻找新的出路。

3.王森克的经验也强调了创业者需要具备市场敏感性和学习能力。他能够从朋友那里看到卖饼卷肉的赚钱机会，并果断转行。之后，他接触到了金融行业，并积极学习相关知识，最终取得了成功。这个过程显示了创业者需要不断学习和适应新的行业，以抓住机遇和应对市场变化。

4.王森克遇到了几位关键的高人，其中包括马总和于总。他们通过坚持不懈的沟通和专业的知识，给予了王森克重要的指导和启发。这表明在创业过程中，与专业人士建立良好的关系并获得他们的支持和帮助，对于创业者来说至关重要。

5.通过参加培训和学习专业知识，王森克逐渐转变了自己的创业思维，并取得了明显的进步。他开始意识到团队的重要性，并积极招募和培养团队成员。这个经历提醒了创业者要注重自我提升和团队建设，不断学习和改进自己的技能，以实现更好的业务发展和管理能力。

6.渴望和开放是创业成功的关键因素。王森克通过保持渴望和开放的心态，吸引了高人的帮助和指导。他的渴望让他不断追求更大的发展和改变命运的机会，而开放的心态让他接纳并学习了高人的建议。这个经历提醒其他创业者，在创业过程中要保持对成功的渴望，并敞开心扉接受外界的帮助和指导。

7. 创业是一个逐步提升的过程。王森克的创业历程从小规模的生意到全国市场的布局，展示了他不断扩大视野和提升认知的过程。他在不同阶段的创业过程中遇到了高人，并通过与他们的交流和启发，不断提高自己的能力和格局。这个经历告诉创业者要持续学习和成长，拓宽自己的视野，以适应不断变化的市场和机遇。

本周自修页（焦点思维表格）

· 根据阅读心得，聚焦核心问题，专注思考。
· 要求填满每一个表格，不用考虑是否合理或严谨，可以替换调整顺序，可增加但不能减少。
· 长期坚持，你会发现任何问题至少有八个以上的解决思路。

1	2	3
8	我最大的收获是	4
7	6	5

1	2	3
8	我发现自己的差距是	4
7	6	5

1	2	3
8	我立刻应该采取的行动是	4
7	6	5

第 2 章

· 我们做好每天该做的事，时间会成就你所有的梦想。

· 创业就是找一帮志同道合的朋友，共同去干一件有意义的事，顺带着把钱挣了。

· 创业者需要受刺激，有时候要跳出自己的井口，看到天下之后就发现自己应该更加努力。

· 微笑向暖，安之若素；你若盛开，清风自来；越努力越幸运，越抱怨越倒霉。

· 创业者要对自己狠一点，如果不能对自己狠一点，就找个人对你狠一点。

· 创业就像滚雪球，是一个不断积累的过程。

· 创业是绽放青春最美的路径。

· 人生没有白走的路，每一步路都算数。

· 当一个人准备好做学生的时候，老师自然就会出现。

· 创业价值的排序，第一是关系，第二是成长，第三才是赚钱。

第 2 章

第 **4** 周

要对自己狠一点

<<< 人物故事 >>>

李京

为什么选择创业？

因为毕业第一份工作就是创业，创过业的人再去上班赚死工资就受不了了。

最骄傲的事情就是在 2019 年 6~12 月，半年时间从 8 000 万交易量做到了 3.2 亿，半年时间做了 7 个 2 000 万的市场，半年增长 2.4 亿交易量。

　　我的座右铭就是我们只需做好每天该做的事，时间自然会成就你所有的梦想。

我们只需做好每天该做的事，时间自然会成就你所有的梦想

朱小明：李京在整个创业草根当中是非常独特的一位，他毕业于名牌大学。照理说，他完全可以选择去大企业工作，创业的方向也很多，为什么要选择这个项目呢，让我们一起来了解一下。

李京：大学刚毕业的时候，我跟大家的想法一样，就是进一家好公司。我的第一份工作是在湖北省仙桃市江汉热线阿里巴巴。当时，我奶奶 80 多岁了，想让我回老家多陪陪她。回家以后，我就不想再去上班了。于是，我开始创业，做的业务也很杂：给企业做网站、代运营微信公众号、淘宝天猫店、百度推广、微信朋友圈运营等。我在互联网创业最好的一年是挣了 30 万元，后来，我又投资做实体，投资了一个宠物医院，最后赔了 20 多万元。后来，又因为这样那样的原因赔了不少钱。在负债 40 多万的情况下，工资也发不出来了。恰巧这时，我碰到王森克。他说给我个 POS 机，方便用来支付。我问多少钱一台，他说不要钱，我说不要钱就不要了，机子有成本，怎么可能不要钱。当时，马英秋老师也在。她说你拿 5 台总共 600 元，你也可以做代理。于是，我拿了 5 台机子，我觉得这个行业肯定有前途。

主持人：作为草根创业者选择创业方向，有什么标准吗？你做过互联网、做过宠物医院，是做过虚拟经济之后又做过实体经济，现在是金融行业。

李京：我的建议有两点：一是抓住机遇，二是跟对人。

主持人：你为什么认为这是个机遇呢？怎么判断这个项目是不是在风口上？

李京：启发就是选择一个平台，跟对一个人很重要。2018 年 6 月 9 日的大会上见到玖红团队，就觉得这帮人靠谱，这个事能干，因为人家已经干成了。

主持人：李京的经历让我觉得很有意思。判断方法也简单，值不值得做，

老板行不行，这样的平台能不能复制出更多成功的人，就能判断这是不是一个好项目。别人能有结果，自己如果没拿到，那就是自己的问题，我觉得平台行，政策都一样。你在选择支付行业这个领域也是很快能拿到结果的。

李京：我做出的最大改变就在 2018 年 6 月 9 日。那天以后，我每天下午 3：00~6：00 都在招商。2018 年年底的时候，我换第一个奔驰的时候，从后备厢里倒出了 37 个本子。每本本子上都有这句话："我们只需做好每天该做的事，时间自然会成就你所有的梦想。"

主持人：选择一件正确的事儿，一直坚持做。不管平时别的时间怎么用，但是每天 3：00~6：00，这个是您工作的有效时间，坚持做 5 年，结果自然而然就出来了。

跳出自己的井口，看到天下之后就会发现自己应该更加努力

李京： 创业像找一帮志同道合的朋友，共同去干一件有意义的事，然后顺带着就把钱挣了。

朱小明： 这个认知还是很高的，很多伙伴跟我说，我怎么才能赚到百万年薪，这是我听到最多的问题了，我说什么时候帮你下面这 10 个人让他们一年都挣 10 万了，你一年就能挣 100 万了，帮助别人是最快成就自己的路径。他们都一年挣 10 万了，你还不能挣到 100 万吗？光想你自己是永远挣不到钱的。其实，创业过程中认知特别重要。我们在李京的分享过程中，发现他的很多思考角度跟一般人是有区别的。

李京： 干什么事都是破釜沉舟最难。当时新公司在石家庄，有下属跟我讲，有钱的话就在石家庄租间办公室吧。我说行。他说，给弄个 30 平方米就行，客户有个桌子就行。我说，要整就租大一些，要 1 000 平方米的，房租我掏一半，装修、硬件设施我全掏，给你们一人弄一间。

主持人： 自己走出舒适区就会有更多的动力。逼着自己不断地进步，也给自己更多的动力去赋能。在你创业的过程中，有没有让你印象深刻的一些事儿？

李京： 真正让我印象深刻的是第一年年底的时候，我把 2 000 台货出完，把贷款全部还完以后，我歇了一个月，不想干了，特别累。因为当时 2 000 台货，是我贷款 26 万元拿的，贷款下个月就要开始还，下个月我怎么还？我只能逼着自己拼尽全力去奋斗。

越努力越幸运，越抱怨越倒霉

主持人： 这是值得很多创业伙伴借鉴的，强制把注意力放在自己要做的事情上。这也体现出李京性格当中破釜沉舟、背水一战的觉悟。

李京： 当时我已经负债40万元了，再多26万元又能怎样？王总说带我去烟台散散心，我俩开车去烟台的时候，他问了我两个问题，而这两个问题也彻底改变了我。他问我的第一个问题是，你们家谁说了算？我说，家族里是我叔叔说了算。我叔叔收入最高，一年能挣三五十万元，他说，你觉得你挣多少钱才能在家里说了算。我说，那得比我叔叔高，我一年挣100万元吧。第二个问题是：你身边有几个人一个月能挣10万元以上的。我数了数有五六个吧，都是干大行业的。他又问，你身边有几个人是什么也不用干一个月就能挣到10万以上的。这个问题把我问住了，什么也不干能挣10万以上的，好像一个都没有。他说，你上个月不是在家歇了一个月，是不是也发了两万元钱，你还差8万元，这样，你全力以赴干到明年6月份，也就是再干半年，你要是达不到月收入10万元的话，差多少我补给你。

主持人： 创业者要不断被刺激，您走到今天是一个不断被刺激、被点爆的过程。

李京： 我是那种受不了刺激的人，而我的领导王森克给我打电话基本上就三句话：第一句是问我6月30日大会能来多少人；第二句话是：看你那怂样儿；第三句话是：还是个爷们儿吗……他这么说就是为了刺激我，他知道我要强，受不了刺激。

其实，我自己每隔一段时间，也会主动去找找刺激，因为有的时候确实要跳出自己的井口，看一看山外有山，人外有人，就知道自己应该更努力了。

主持人： 舒适圈是温水煮青蛙，您把刺激转化成动力，让自己一次次实现了自我超越。

然而，名牌大学出身的您现在带一帮草根在创业，您觉得难点在哪里？

李京：因为每个人的认知、学历不同，所以要想统一大家的格局、信念、认知就是一件比较困难的事情。如果对方跟你的层次差不多，可能一个眼神就能领会；如果对方和你差距太大，你即使把嘴讲烂了，对方也不一定能明白。这时，你就要先调整自己的心态，把团队成员看成是自己的上帝，为他们提供好服务，然后不断提升他们的认知。

因为思考的角度不同，达成的成绩也是不一样的，能带的就努力带，实在带不动了，那也没法。教育过程其实也是一个持之以恒的过程，需要不断地耳濡目染，慢慢地才会成长起来。而你也会因为团队变得越来越好。

如果不能对自己狠一点，就找个人对你狠一点

主持人： 最后，您还有什么想对我们草根创业的广大朋友们说的吗？

李京： 在这里，我想和大家再说个大方向，其实也是对前面所讲的我自己的故事的一个总结。

第一，想挣百万年薪，你得有个好的信念，要有自己的价值观，这一点很重要。

第二，要有好的心态，心态非常重要，因为能打败你的人只有你自己。微笑向暖，安之若素；你若盛开，清风自来；越努力越幸运，越抱怨越倒霉。

第三，找对人最关键。这个社会就是一个人与人的关系、人与万物的关系、人与众生的关系。你要经营好团队，就要找到对的人。

第四，要有目标，做什么事，都要有目标。做好目标规划，你的行动才能达成。

以上是关于 4 个大方向的，还有 5 个小方向的。

第一，抓住机遇。人的大机遇就那么几次，关键在于你能否抓住。我在最难的时候，遇到了。

第二，跟对人，老大都不行，你能做成啥。

第三，我们只需做好每天自己该做的事情，时间自然会成就你的梦想。

第四，相信坚信的力量。成功路上从来不拥挤，因为坚持的人不多。不要碰到一点小挫折就放弃了，要相信坚信的力量。当你努力以后，即便上帝给你关上了一扇门，必然会给你打开一扇窗。

第五，对自己狠一点，如果不能对自己狠一点，就找个人对你狠一点。好多人就是真不敢对自己狠，最后错过了很多机会。

创业点评：找到目标，就要敢于挑战和超越自我

1. 跳跃式尝试：李京的创业历程中体验了多个不同的领域，从互联网到实体经济，再到金融行业。这种跳跃式的探索让他有了丰富的经历和深入的理解，但同时也可能浪费了大量的时间和资源。作为创业者，需要有一定的战略规划和持续的聚焦，以便能够深入研究并擅长某一领域。

2. 外在因素的影响：在李京的创业过程中，他遇到了各种挫折，其中很多是来自外在环境的影响，例如投资项目失败等。这表明，即使创业者有着坚定的决心和出色的技能，也可能由于外在环境的影响而遇到困难。因此，对于创业者来说，做好风险评估和风险管理是非常重要的。

3. 选择正确的机会和伙伴：在李京的创业经历中，他提到了两个关键点，一是抓住机遇，二是找对人。这两点是他在创业过程中取得成功的关键。抓住正确的机会，可以让创业者在正确的时间和地点进行创业，从而提高成功率；找到合适的合作伙伴，可以让创业者在困难时有人一同面对，也能在成功时共享成果。因此，选择机会和伙伴是创业成功的关键。

4. 明确目标并对自己施压：李京表达出了清晰的目标，并通过不断投资、采购、雇佣和财务压力来促使自己向这些目标迈进。这体现出他极高的自我驱动力和明确的方向感，对创业者而言，这种自我驱动的能力和远见至关重要。

5. 不断挑战自我和突破舒适区：这是创业者需要的另一种重要品质。李京对自己的财务情况有清晰的了解，并愿意将自己的资金用于投资和发展业务，以此来不断挑战自我和突破自己的舒适区。

6. 创业者的自我超越：李京通过刺激自己，比如看到别人的成功，来跳出自己的舒适区，并通过这种方式获得动力去更加努力工作。这是一个值得赞扬的点子，因为它可以推动创业者不断改进并努力实现他们的目标。

7.团队管理和领导力：如何管理一个团队，特别是那些可能没有相同教育背景或经验的团队成员。他指出，要统一团队的视野、信念和认知，并且指出这可能需要改变沟通方式以适应各种不同的背景。

本周自修页（焦点思维表格）

· 根据阅读心得，聚焦核心问题，专注思考。
· 要求填满每一个表格，不用考虑是否合理或严谨，可以替换调整顺序，可增加但不能减少。
· 长期坚持，会发现任何问题至少有八个以上的解决思路。

1	2	3
8	我最大的收获是	4
7	6	5

1	2	3
8	我发现自己的差距是	4
7	6	5

1	2	3
8	我立刻应该采取的行动是	4
7	6	5

第 2 章

第 **5** 周

创业就像滚雪球

<<< 人物故事 >>>

张蒙蒙   张佩佩

　　我叫张蒙蒙，以前是一名会计，因为工资负担不起家庭的负债，只有创业。

　　2018 年 6 月，那时的我还没有带团队，月入 1 万多，可是我的市场推广却遇到了瓶颈期。为了想要拥有更高的收入，也想让自己变得更有价值，于是就产生了带团队的想法，因为团队的收益会远大于个人的收益。后来，我从零开始向别人学习怎么团队招人、进货、开招商会。10 月，我开完第一场招商会之后的两个月内我顺利出完了 1 000 台货，也成功地完成了从激活一台机器到招一名合伙人的思路转变。那是我做团队的第一步。

2017 年 1 月，也就是我从事 POS 机事业的第 3 个月，我招了三个男孩，带他们去临沂跑市场地推了一周，4 个人一台机器都没有激活，这对我的打击不小，也一度觉得自己可能不适合带团队，能力有限，甚至不适合继续干这个行业。最后离开时出于内心的亏欠，我请他们去爬了当地的沂蒙山，在爬山的过程中，我突然感悟到难走的路才是上坡路，后来又带领大家继续一路向前。

我的人生信条就是：人生没有白走的路，每一步路都算数！

我叫张佩佩。支付是我毕业后的第一份工作，我认为创业是绽放青春最美的一条路径

2021 年，我决定跟蒙总去济南开分公司，我们核心的 4 个人每天晚睡早起，那段日子虽然痛苦，但是非常值得怀念，因为我知道奋斗拼搏的人生最绚烂。

2019 年 4 月 19 日在北京昌平砺志国防教育培训学校，公司举办的百万年薪特训营，作为一个几乎没上过舞台，还是在校大学生的我来讲，突然登上千人的大会跟副总裁同台主持，我的内心非常激动

我认为最大的收获就是创业是勇敢者的游戏。只有不断地挑战才有更多的惊心动魄，才会想着如何才能赢得自己的精彩人生

我的座右铭：简单、相信、坚持到底！

人生没有白走的路，每一步路都算数

主持人： 草根创业、逆袭人生，这次我们要讨论年轻人适不适合创业的话题。年轻人创业存在一个劣势，即他们除了社会上的草根创业者共同存在的问题之外，还有如社会阅历不足、社会经验不丰富、人脉不广等问题，都会成为创业过程中的一些障碍。但有很多年轻人创业做得非常好，比如这两位就做得非常好：张佩佩和张蒙蒙，我想她们的经历和感悟值得年轻朋友们参考。

都是"90 后"，我们先从佩佩开始，你是怎么走向创业这条路的。

张佩佩： 一个偶然的机会！其实她还有一个身份，是我的姐姐。刚开始的时候，我们去了烟台。由于我的家地处一个小山村里，我没有去过烟台，也没有见过大海，在我印象当中那里应该很美，于是就跟着走上了创业这条道路。

我之所以进入支付行业是受到其他两个人的启发。当我看到有一个初中毕业的小伙子做得很好时，我就想去从事这个行业，但自己又没有经验。所以，刚开始我只能从兼职做起，每天发发传单，一天的收入是 60 块钱。虽然钱不多，但一想到自己能赚钱买衣服、水果，再买点书，我就特别开心。可是，当我看到另外一个人做同样的事情却能够获得平台收益，而且好的时候一天能赚 1 000 多块钱时，我感觉就像做梦一样。要知道，那时候我一个月的生活费才 1 000 块钱。从那时开始，我对赚钱有了感知，对创业有了感知，对平台收益有了感知。

后来，我经常去学校对面的那一片汽修厂，还有那条小吃街，除了上课，我几乎就泡在这两个地方。那时的我开始一边上学一边创业了。

我知道餐厅都需要支付业务，所以我会去一些餐厅吃饭，然后找餐厅的老板沟通，希望能成交业务。如果成交了，我还会给餐厅老板带点老家的特产，而餐厅老板也会给我介绍更多的客户。如果有的餐厅的老板不能实现一次成交的，我就会经常去这家餐厅吃饭，因为我知道，只要功夫深，铁棒也能磨成绣花针，我一定能打动他，并将他拿下。那时的我觉得创业是一件挺有趣、挺好玩的事情。

主持人：没影响你的学业吗？创业的话，肯定会有很多的事情需要你去做。

张佩佩：我是用业余时间去做的，对我的学业其实并没有太大的影响，反而让我增加了不少见识。

主持人：可能你之前没想到会接触那么多的人，然后也没有想到要做那么多事儿，包括处理这么多的问题。

张佩佩：是的。它打开了我的思维。现在，我已经毕业了，专职创业也有两年时间了。

主持人：把你引到这条路上的其实是你的姐姐张蒙蒙。蒙蒙，你之前是怎么走上创业这条道路的？

张蒙蒙：我爸妈的观念一直是你要上完学，找一个风吹不着、雨淋不着的地方上班就好了。我结婚、生娃后，一直在家里没工作。我老公说你总不能一辈子不上班吧。于是，我开始创业。先是做了养殖业，因为不懂技术，所以全赔了。老公建议我找一个稳定的工作。结果，我上了 6 个月班，因为企业效益不好，4 个月都没有领到工资。

一个偶然的机会接触到支付行业，碰到了罗总，于是我下定决心要创业。

当时的我进了 10 台机器总共 1 200 块钱，这对我而言不是一个小数目，我想无论如何我也得把钱挣回来。罗总让我去烟台，说那边有地推队伍，可以跟着大家一起去推一推。后来，我就带着佩佩一起去了烟台。烟台对我们而言是一个完全陌生的地方，在那里我们一个人都不认识，在推广产品的时候遇到了很多挑战。之前，我从来没有做过销售，上门推销对我来说就是一个非常大的挑战。看到别人在地推，我就跟在人家后边，先看看是怎么做的，然后我再跟着做。我到现在都还清晰地记得第一次敲门时的情景，心怦怦跳，非常紧张。

创业这条路带给我们很多的经历都是以前没有遇见过的，比如我第一次推开别人家的门，第一次做销售工作，第一次买车，第一次开车上高速，第一次拉着我的小伙伴走了很远的路到江苏，第一次去学习，第一次坐飞机，第一次为了改变现状去付费学习，第一次结交更多的高人……所有的东西对我来说都是以前没有经历过的。

朱小明： 创业给蒙蒙打开了一个全新且丰富的世界，如果没有创业这件事，她可能还是一个在老家随便找一个班上的宝妈。

主持人： 这个过程，佩佩等于是提前做了，算是实习了。在那个过程中，你有什么感觉，有压力吗？

张佩佩： 当时，我的第一感觉是这个行业不适合我，因为我看到了太多的拒绝，然后看到好像这些人都是特别普通，当时参加训练营的人学历相对还挺低的。

张蒙蒙： 尤其是像她作为大学生来讲，她觉得还是会有差距感。

张佩佩： 当时是有一点偏见的，当我看到结果的时候，就扭转了我的想法。我开始思考毕业之后要成为什么样的人，开始给自己定位。因为我也想改变自己的思维和认知，变得像他们一样，能实现财富自由。在确认了这个行业能干，这个事能干后，这条路可以走得很远。

主持人： 有些人说创业者，包括带团队的人，为什么不愿意动，是因为一定要让他看到结果，看到人前后的变化才会唤醒，因为在没有看到结果的时候，他不认为这个事是对的。大部分人是看到才会相信。我弄明白了一件事儿，刚开始从事这个行业的人，要么是没什么学历的，要么就是社会底层的。但是他们有渴望。他们渴望成长，他们有塑造的空间，他们需要一个机会。

恰恰是因为这一群人的存在，我们才有机会或者说我们才能给他们机会。蒙蒙是因为看到了结果，一个我们认为层次很低的人，他都能拿到这个结果，这个过程对其他人的冲击其实是很大的，尤其是对大学生来讲。因为当时很多毕业的大学生，一个月也挣不了那么多钱。

大家眼中的创业可能概念都不太一样，你们俩比喻一下创业像什么？在你们心中，创业到底是什么？

创业就像滚雪球，是一个不断积累的过程

张蒙蒙： 我认为创业像一个滚雪球的过程，是一个不断积累的过程。刚开始，你可能一无所有，但是做起来了就越滚越多，在滚的过程中也可能会磕碰，但是它们会让你的内心变得越来越强大，还能不断地积聚人脉。

支付行业创业更是一个累积的过程，我们靠的是客户交易量的不断累积来获得收益的。我们的销售收益模式是这样的：

销售收益 = 支付交易金额 × 分润率

只要交易量在不断增长，我们的收益就会越来越大，而且当前支付行业的整体分润率标准还在不断提高。在这样的行业创业，就是要坚持长期主义。就像打车行业、快递行业、外卖行业、网络购物，最开始都是因为价格便宜，当用户形成习惯以后，就是这些行业真正赚钱的开始。

主持人： 我觉得蒙蒙这个比喻非常好。就像巴菲特说财富的积累就像滚雪球，要有宽宽的赛道、厚厚的雪、不断地坚持，就是这么一个过程，滚雪球选赛道很重要，选择不对，你再怎么滚最后也是没有结果的，所以说有时选择大于努力。

创业就像滚雪球，一方面我们要选对赛道，然后不断地去坚持、积累，又可以找到志同道合的人不断地去加强，最后变成一个团队，个人的财富也会得到不断的提升。

对于佩佩来讲，你觉得是什么？

张佩佩： 我觉得创业是绽放青春最美的一条路径。

创业是绽放青春最美的路径

主持人： 非常有诗意，为什么这么说？

张佩佩： 支付行业是我做的第一个行业。在做的过程中，我会发现人生有无限的可能性。比如，我刚开始进来时哪里也没去，但是在毕业后这三年中，我发现去了将近 60 个城市，看到很多的人文环境，让自己的内心沉淀了很多。当我把这个美好的经历分享给同学、合作伙伴时，也会让他们有所触动，也想和我一道去探索那个未知的世界。

主持人： 创业过程也是一个能看到各种风景，体会各种美好事物的过程，也能够探索很多之前我们接触不到的一些事情，人的经历会丰富，阅历会提升，认知也会得到极大的提升。对于刚走出校门的大学生来讲，这是一个比较好的选择。因为在创业过程中，可以自由发挥，可以接触不同的人和事，会有不同的收获。

当然，在看到鲜花、美景的同时，也会遇到暴风、陷阱。我们下面一个问题就是，你们有没有遇到过一些有挑战的事，然后是怎么解决的？

张蒙蒙： 可以说，自从走上这条路所经历的每一件事都是一个全新的挑战，因为所有的事我们之前都没有经历过，比如带团队。我记得非常清楚，当时我一直是单打独斗，后来，看别人带团队都带得特别好，而且收入也比自己一个人的时候高很多，所以也想带团队。但我不太清楚该怎么带团队，我就向别人学习取经。

2018 年 6 月，我进了 1 000 台货，但是进完货之后也不知道该怎么出。幸运的是 8 月份公司搞了一场大会，让我上台分享一下。我说，有的人是看见了才相信，有的人做到了才相信，有的人是没有理由，我就相信我一定是属于能够带团队的人，而不是单打独斗的人。当时，我被一个在沈阳做得特别大的团队长发现了，他请我去做了一场分享，而我也向他学习了很多专业知识。

回来后，我仅用了一个月的时间就在东营组织了我的第一场招商会，会议的后续效果很好，用了两个月时间就把1 000台货全都卖出去了。那也是我的团队刚刚开始形成的一个雏形。每当遇到困难的时候，我就向别人学习，看谁做得好，就去他那里看看，学习一下。

主持人： 自己在没有团队的情况下，就先压了1 000台货，还直言要带团队，把这1 000台货卖出去。从这件事上，你能感受到什么叫真正的冒险，什么叫鲁莽，它是有区别的。

因为当一个人相信自己可以做到的时候，这个叫冒险，是有一个过程，因为我有底气或者有勇气。而当一个人没有做到相信自己的时候就去做事，那就叫鲁莽。

能感受到她拿1 000台货时的那种感觉和状态，她相信自己，那一刻已经确定自己是没问题的，剩下的是如何做到的问题，交给学习就可以了。怎么学习？找已经成功过的人去学习，因为他已经做到了，所以你跟他学就行了。

剩下的怎么做？交给学习，交给时间。做事在人，成事在天，自信的力量是很强大的。我们想更进一步了解的是，你这份自信是从哪里来的？

张蒙蒙： 2017年8月，我开始接触这个行业。在做了6个多月以后，我的被动收益已经有1万块钱了。

于是，我花钱来北京学了一门演讲课，后来又学了领导力、影响力等的课程。在学习的过程中，我见到了很多人。其中有一个人，我们俩的关系特别好，我们也是在一门课程里认识的。他说他是北京某大型商超的老总。然后，我们又和某集团的董事长在影响力的课程上认识了，经常会在一起聊天、吃饭。他还带我去参观了他们公司。遇到的这些人，完全打开了我的格局。以前，我总觉得自己挺厉害的，跟他们一比，我觉得自己要加倍努力，要变得更大更强，成为像他们那样的人。

主持人： 给自己一个挑战，然后去落实。我想佩佩可能也遇到过一些挑战，你是怎么应对的呢？

张佩佩： 每一次遇到瓶颈的时候，自己不知道该如何走的时候，其实心里是非常难受的。偶尔在书上看到说，35 岁要实现财务自由，我就觉得还蛮有意思的。于是，我便报了课程。在那个课程当中，再一次点燃了自己对未来的希望以及对团队的希望。

在此，我也特别感谢朱老师。朱老师有一次和我分享说，管理层要站到更高的一个层面。而我之前一直都是自己创业，自己摸索着野蛮成长。他说，我可以走向更高的一个层面，上到管理层，这样我就会有一个不同层次的认知和思维。

那个课是比较高阶的，有很多点我还听不太懂，但它却使我的内心注入了很多的能量。相信自己的未来，在个人的维度也会有很多更大的可能性和收获。

本周自修页（焦点思维表格）

· 根据阅读心得，聚焦核心问题，专注思考。

· 要求填满每一个表格，不用考虑是否合理或严谨，可以替换调整顺序，可增加但不能减少。

· 长期坚持，会发现任何问题至少有八个以上的解决思路。

1	2	3
8	我最大的收获是	4
7	6	5

1	2	3
8	我发现自己的差距是	4
7	6	5

1	2	3
8	我立刻应该采取的行动是	4
7	6	5

第 **6** 周

创业价值观排序

当一个人准备好做学生的时候，老师自动就会出现

主持人： 她们两个在分享的过程中，遇到困难或者挑战感到迷茫的时候，她们的第一反应是什么？学习，不只是看书，还走进了课堂。

张蒙蒙： 我们一般遇到困难的时候，都会向比我们强的人，包括公司的领导、我们的上级合伙人、各位老师等，请他们为我们指点迷津。

主持人： 这符合我们的一个观点，当一个人觉得对他是百思不得其解的问题，其实在别人那里早已经有了答案。所以，有时候我们就需要打开自己，不断地去请教或者去学习。当一个人准备好做学生的时候，老师自动就会出现。她们两个人给我最深的印象就是很爱学习，她们参加过很多课程。其实，在草根创业的团队里面，她们俩算是例外了。自己刚刚上岸就拿 10 万块钱去学习，这个是不多见的。因为草根创业者一旦有点结果之后，很容易变本加厉地去消费，因为以前是极度自卑，一直活在底层。而一旦他有所成就时，就会变得很自负，觉得自己很了不起，这样反而容易把自己封闭起来。一个人只要停止了成长，往下走是必然的过程。所以，学习应该成为草根创业者的常态。整个创业过程就是一个不断学习、不断成长的过程。从蒙蒙、佩佩身上可以看到学习的重要性。有时候，你学习不在于你学到什么，也许周围这些人的能量就会影响到你，让你有所成长。我们要重新定义学习，就跟我们要重新定义创业是一样的道理。

放弃与坚守，创业价值排序

主持人： 看得出来，你们姐妹很多想法、做法都比较一致，平时你们是不是在做业务的时候也是很好的搭档？有些客户要共同开发，或者共同拿下，或者共同服务？

你们两人之间有没有因为观念不同或矛盾产生冲突的情况，怎么解决的？

张蒙蒙： 今天早上还和她说起这个问题，回忆了一下，从小到大我们之间还没有发生过这种矛盾，可能是因为年龄差距也比较大。后来，我们在做事的过程中，大家也是在一起成长。佩佩受我的影响比较大，价值的排序也是非常明确的：第一是关系，第二是成长，第三才是赚钱。当出现问题的时候，先看这件事会不会影响我们的关系，如果影响的话，肯定就不去做了。再是成长，这个事情是否有利于我们成长。比如，佩佩过了年以后就去了四川，在那边待了有40多天，经历了很多的事情；再如，上了自学的心理学课程，然后在那边开了支付界大会，佩佩想让自己好好沉淀一下。基于对彼此的了解，我清楚她心里是怎么想的，想要什么，我说我一定会选择支持。佩佩回来以后，就把她学到的东西又运用到我们的团队上，包括心理学的课程，说我们的团队可能遇到了什么问题，应该如何解决。我觉得我们之间没有出现过什么问题，做事上也没有过什么大的分歧。

主持人： 从蒙蒙分享上能了解到，人与人之间的冲突归根结底到底是什么？无非就这么几个，一个是价值观的冲突，一个是习惯上的冲突。你们做了一个很好的防火墙，先把价值观说清楚，这是一个指南针，是一个指向性很强的价值观的方向。适合的你们就做，不适合的就不做，这很好地规避了价值观上的冲突。其实，人跟人之间利益上的冲突很好办，姐妹之间更好办。我们是怎么分配利益的，只要说清楚就没什么大的问题。

最后，请两位送给我们广大的草根创业者一句话，忠告也好，建议也好，或者是你们的座右铭也可以。

张蒙蒙：我觉得人生没有白走的路，每一步路都算数。这也是我自己的座右铭，我想去做什么事，就会让自己基于我的认知去多做多经历。

张佩佩：简单，相信，坚持到底。做一个简单的人，大道至简；相信我们身边的每一个人，选择相信是一种能力；坚持到底，既然自己认定了一条路，那就坚持到底走下去，一定能成功。

创业点评：在创业中定义自己的价值观

1. 机会和挑战：张佩佩和张蒙蒙都谈到了创业的起点是一个偶然的机会。她们受到身边人的启发和邀请，开始接触支付行业，并决定走上创业之路。然而，对于她们来说，创业过程并不容易，遇到了很多挑战，如推销产品、面对拒绝和心理压力等。创业并不是一帆风顺的，需要面对各种困难和问题，但她们通过克服挑战，不断地学习和成长。

2. 创业带来的改变：创业让张佩佩和张蒙蒙的生活发生了巨大的改变。她们不再局限于传统的学业和家庭角色，而是投身于创业的世界。通过创业扩宽了自己的视野，接触到了新的人群，从而获得了更多的机会和挑战。创业不仅仅是赚钱的手段，也是一个拓展人生的方式，让她们经历了许多以前没有遇到过的事情和体验。

3. 学习和成长：张佩佩和张蒙蒙都强调了在创业过程中的学习和成长。她们意识到自己的认知有限，开始通过与他人对比和观察，不断调整自己的思维方式和定位。她们愿意向他人学习，吸取经验和知识，以提升自己在创业中的能力。这种学习和成长的态度是非常宝贵的，因为创业需要不断适应和学习，才能应对各种挑战和解决问题。

4. 挑战和解决：创业过程中常常伴随着各种挑战和困难。张蒙蒙提到了自己在带团队方面的挑战，但她通过观察和向他人学习，积极解决问题并改进自己的方法。她分享了自己进货和销售的经历，以及通过参加分享会和深入沟通学习他人经验的过程。这表明她愿意面对挑战并找到解决问题的方法，不断提升自己的能力。在创业中，遇到挑战是正常的，关键在于如何应对和解决，这种积极主动的态度对于创业者来说至关重要。

5. 学习和求助：在面对困难和挑战时，学习和求助是张蒙蒙和张佩佩的共同反应。通过学习课程、参加培训和向成功人士请教，寻找解决问题和成长的方法。她们愿意走进课堂，听取各个行业领导人和专业人士的经验和观点。此外，她们也积极寻求外界的帮助和指导，向身边的领导、合伙人和导师请教。这种学习和求助的态度展示了她们的谦虚和渴望成长的心态。

6. 学习和价值观：学习对于创业者的重要性在这段对话中得到了强调。通过学习，创业者可以获取新知识、借鉴他人的经验，并开阔自己的思维和认知。同时，对于创业者而言，明确自己的价值观也是至关重要的。通过清晰地定义共同的价值观，创业团队可以避免在价值观上产生冲突和分歧，从而更好地协同合作。张蒙蒙和张佩佩的学习态度以及价值观的一致性在他们的合作中起到了积极的作用。

7. 处理冲突和矛盾：在合作关系中，冲突和矛盾是难免的。然而，通过明确的沟通和共同的价值观，可以有效地处理和解决这些问题。在这段对话中，张蒙蒙和张佩佩通过明确的原则和价值观排序，即关系 > 成长 > 赚钱的顺序，建立了一个处理冲突和矛盾的指导原则。这种明确的原则有助于避免冲突升级，并能够通过包容和沟通来解决小问题，保持合作关系的稳定和发展。

本周自修页（焦点思维表格）

· 根据阅读心得，聚焦核心问题，专注思考。
· 要求填满每一个表格，不用考虑是否合理或严谨，可以替换调整顺序，可增加但不能减少。
· 长期坚持，会发现任何问题至少有八个以上的解决思路。

1	2	3
8	我最大的收获是	4
7	6	5

1	2	3
8	我发现自己的差距是	4
7	6	5

1	2	3
8	我立刻应该采取的行动是	4
7	6	5

第 3 章

·选对项目很重要，草根可以选择轻资产创业。

·创业过程中你会错过很多，但你走的每一步最后都算数。

·不要怨天尤人，我是一切的根源。

·不断地给自己小目标、小奖励，让自己不断地成长并享受创业的成果。

·每天都是新的开始，总想过去干啥；向前看，很容易就能放下一些
　事情。

·一个人要做成事有两个重要的动力，要么因为爱，要么因为恨，而爱
　的力量才是真正最有力量的。

·每一步的付出未来都会有一个成倍的回报的，关键点在于初心。

·创业的过程在某种程度上也是在种福报，种下这些种子，将来会长成
　非常美丽的花。

·成为灯塔，可以照亮更多人。

第 ③ 章

第 **7** 周

我是一切的根源

<<< 人物故事 >>>

赵艳

　　赵艳做了一年的餐饮服务员，想创业加盟某品牌，考察后正准备入手的时候被弟弟引导来做支付行业。前期很难，自己也是门外汉，还要用随时学来的信息给客户扫盲、建立信任。收入月过万后，听取弟弟的建议，用三分之一的收入做招聘，面试业务员，做培训会、项目说明会等，然后逐渐有了团队，便开始越做越大。

选对项目很重要，草根可以选择轻资产创业

赵艳： 我家是三姐弟，我是老大，下面还有弟弟妹妹。因为生活压力大，父母每天都忙忙碌碌，家庭关系也不是那么和睦。初中毕业后，我就开始打工，换了好多行业，最早觉得有一技之长才能立足，就去学裁缝。三年后，我又到饭店打工，陆续还做过家政以及药店售货员。

当时的我不欠钱也没什么存款，就是社会最底层，刚刚满足温饱的样子。

主持人： 创业应当是有很多的选择，你是通过什么机缘进入这个行业的？

赵艳： 创业就是想改变生活，让日子过得更好。之前，我在一个牛肉面馆打工，感觉他们一年的收益也挺好，就想要加盟一个面馆。考察了一圈，没干成的原因就是店面不太好弄，还要有装修店面、处理食品安全许可等方面的问题。一合计，投资额还挺高，这对我们这些本本分分快 40 岁的人来说不太敢选择。

主持人： 这个过程也是很多草根创业者经历的。选项目很重要，同样的能力、同样的资源能决定你是否成功，一个关键的因素就是看是否选对了项目。当然，也包括对自己的判断。人还是那个人，资源还是那些资源，能力还是那些能力，一旦选对了赛道，就能发挥出来，能有结果；选错了，可能就会把自己搭进去。那你后来选择支付行业是因为什么？这个机会点在哪里？

赵艳： 是我弟弟把我给引进来的。这几年做支付行业后，我觉得很多行业都是可以轻资产、轻运营的，站在时代风口上，只要努力刻苦就能取得结果，是可以选择轻资产行业创业的。

朱小明： 刚才赵总说了两个关键点，她觉得目前的这种资源能力现状，选择一个什么样的行业她有两个标准：一个是轻资产，另一个是轻运营。经营资产轻，投入压力没那么大，把运营做好了，就会产生更大的价值。而且轻资产的项目是可以成长的，随着你的学习还可以快速成长起来，你不会管理、不

会运营？没关系，你学就好了。

主持人：提到运营，选择一个创业的方向，应该是重销售这样一个方向，要带团队。你之前经历过吗？有过这种销售经验吗？

赵艳：销售其实很容易，销售的过程就是跟陌生人去交流，这个不难，因为前面做过的行业要接待，要沟通人家的需求等，所以张嘴说话我觉得这是我的优势，之前都算是学习了。对于支付行业，最早我还不是很认可，我是认可我弟弟，他说行，那我就试试。他说你给自己半年的时间来测试。我在 2016 年的时候试了一试，这半年最让我开心的就是工资的增长率，确实有了很大的提高。

主持人：任何一个创业者，包括草根也好，精英也好，首先要找到一个适合发挥自己优势和特点的项目来做，才能达到赵总说的一战而成。轻资产的核心是什么？运营人。运营人的核心是什么？与人沟通。而这恰恰是赵总前十几年来一直在干的事，就是不断地与人沟通，所以对她来讲这是很正常、很自然的事情。

这给我们草根创业者一个很重要的提示：很多草根创业者未必一下就选对了方向，在遇到一些问题的时候很容易打退堂鼓。其实，你现在的这些积累，将来有一天选对方向的时候就会变成你的资本。

创业过程中你会错过很多，但你走的每一步都算数

赵艳： 在创业过程中，你可能会错过很多，但你走的每一步最后都算数。

主持人： 这句话非常经典，你走过的每一步其实都是自己人生道路上的积累，是加分还是减分，每次都是加分到一定程度就能从量变到质变。在你的创业过程中，有没有遇到过让你印象深刻的人或者事？

赵艳： 影响比较大的，第一个是我弟弟，他在很多事情上给我引导，我是属于复制率很高的人，能够把别人的优点长处拿过来就学就用。我碰到问题，马上要结果要对错。我弟弟帮我成长了很多，他会协调很多矛盾，给我一些方向、一些打法等。第二位是朱老师，我在 2020 年第一次参加他的课，那时候二话没说就报名了，三天的课改变了我很多。

主持人： 从性格表现来看，你跟你弟弟确实是两种极端的感觉，他相对柔和一点，你属于比较直接的。这种性格在团队管理以及跟客户接触的时候，会不会遇到一些不太适合你这种性格的人。

赵艳： 我对客户还是很有耐心的。合作伙伴是总是会向我提出更多的要求，所以这块有时候不太好搞。有时候，我弟弟会在中间做一些引导，和他们的关系慢慢也会好一点。

主持人： 所以朱老师说创业就是一场修炼。我看你现在应该是到了一个新的层次了，不像原来那么直来直去了。发泄情绪解决不了问题，反而会激化矛盾，也达不到好的结果。要想成长，要想有好的结果、好的处理方式，首先就是要控制自己的情绪，提高情商。

赵艳： 以前我都是一直在输出，迫切需要伙伴们跟我一起快跑，但后来发现有时候还是要停一停，学会倾听很重要。

主持人： 所以从性格角度来讲，有冲劲，这个是你的优点。缺点是太过于直接，有些人不见得容易接受。创业让你改变了很多，尤其是你提到在听了

朱老师的课之后，能不能讲一讲哪些地方有改变了？

　　赵艳： 我从朱老师那儿获得的最大的收获就是"我是一切的根源"。这句话，我一直记在心里。在遇到一些问题时，我会想这可能是我的问题。

不要怨天尤人，我是一切的根源

主持人： 有情绪要去指责别人的时候，都会认为这是对方的问题。现在，当你转换角度去想这可能是我的问题时，你就会有不一样的感觉，因为我是自己的责任承担者，我必须要承担起这个责任，我要去考虑这是不是跟我有关系。这样的话，会不会在你处理客户，包括跟团队的关系处理过程中会有一些影响、一些变化？

赵艳： 是会有的。就拿我和我先生为例，我以前跟我先生说话的方式就不那么客气，是命令式的。后来我明显感觉自己开始温和一些了。我先生不像我这样会沟通，一个特别憨厚的人，话特别少。我就教他，比如教他去做培训，教他一些专业的东西，教他一些可以生动表达出来的东西。刚开始，他很不习惯，我就生气。有时候，我都给他讲了两遍，他还是听不懂，我会更生气。后来，我想是不是有可能是我讲得不够好，而不是他听不懂，要是能按他听得懂的方式再多讲两遍，他可能就听懂了。所以现在你听不懂，我会认为这是我的问题。听不懂不是你的错，是因为我没讲好，我得调整。

主持人： 有时候在家庭或团队中，作为领导也好，夫妻一方也罢，往往想去改变别人，其实最后你会发现什么都改变不了，倒不如我们去调整自己，能够进入他的频道，让他自己有所改变，这是一个很重要的基础。在创业过程中，赵总能不能给我们草根创业者一些提示，尤其是女性草根创业者，自己情绪不好控制的时候，应该怎么去调整？

赵艳： 每个人都会有不同的选择，我的选择是只要看到两个孩子，跟她们玩一玩，互动一下，就觉得所有的烦恼都没了。我就想让她们笑得更灿烂，现在买的这个房子，是两层，有一个楼梯，孩子说，妈妈，我们还需要能往下走的一个楼梯，我们下次再换房子，换一个还可以往上走的。我知道孩子想要有三层楼的房子。这就是我的动力。还有就是要懂得享受生活。当你心情不好或业务不顺心时，你自己买点喜欢的东西，你会发现生活中的幸福和美好。

主持人：赵总其实是给我们很多草根创业伙伴提了一个醒，很多人在创业之前，他的动力来自摆脱贫穷，要让生活变好。但在创业过程中可能就把自己变成挣钱机器了，从来没有时间去享受一下自己努力获得的成果。在这个过程当中，你可以适当地给自己放个假，去消费去享受生活。这也是一个解压的过程，更是对自己的一种认可，也是你继续往下走的动力。

朱小明：在赵总的朋友圈里，我们能看到享受生活的过程，感受到生活的品质。会发现有的时候要让别人感受到你既在做事业，你又是一个很生活化的人，而不是一个只会工作的机器。创业者要经常给自己一些奖励，给自己一份认可，这样你才会觉得人生更有意义。

不断地给自己小目标、小奖励，让自己不断地去成长

赵艳： 我不只是在创业，我还在享受生活。这 5 年时间，我在忙着换房子、换车、生老二，我的生活是精彩且立体的。

主持人： 赵总给我们草根创业者一个非常重要的提示，创业的过程也并不见得只是一个付出的过程，应当也是一个不断收获、享受的过程。甚至说，我们创业也可以是一种享受，这是不同的修炼境界或者不同的方法而已。

我们可以给自己不断地定一个小目标、小奖励，让自己不断地成长，在去享受自己的创业成果，其实这也是不断提高自己的认知、增加自己创业动力和能量的过程。

在整个创业过程当中，自己有没有觉得值得骄傲的一件事？

赵艳： 在支付行业方面，现在有了一点成果，有五六个伙伴也拿到了一定的成果。我们现在整个公司有 500 平方米的办公面积，每天常驻的有 50 人以上，运营人才层出不穷，团队已经自动自发地去运营了。而且自己上岸了之后，也带动了 5 位核心伙伴一起通过这种轻资产轻运营的方式不断发展，年薪百万的就已经有 5 位了，1 个月赚一两万的伙伴也非常多。

主持人： 今天团队的成就，实际上也是从"我"的根源上开始。最终，你会发现还有什么比别人因为自己而获得成长、拿到结果更快乐的事呢？好像真的找不到比这更好的事情了。就像一个家长，看到自己的孩子进步了，有出息了，作为一个团队领导人来讲，这就是最大的回报了。

朱小明： 让自己家庭走得更好，活得更好，更有品质、更有力量，每个人都能够彰显价值，这个过程其实是蛮幸福的。

看着伙伴一个个成长起来、有结果，这个过程中也是充满成就感和自豪感的。

主持人： 自创业以来，如果说有遗憾的话，你的遗憾是什么？

赵艳： 就像你说的自己的认知低、文化低，然后脾气就像刀一样，伤害过很多人，错过了很多很有才的合作伙伴，多少会有些遗憾。但我知道，那些都已过去，每天都是新的开始，向前看，才能获得更好的未来。

主持人： 很多草根创业者从这里可以学到，有的时候太过于在意自己的过去，太过于在意别人的眼光，反而会让自己背上很大的包袱，其实完全没有必要。有的时候像赵总这样性格的人，之所以能成功，一个很重要的特质就是，放得下，看得开，不纠结过去，追求的就是活在当下。

赵艳： 有些伙伴离开你，那是因为你不够优秀，你没有能给他想要的，没有给他梦想，没有给他希望。他到其他平台也可以做得很好。

当你知道自己不够优秀时，更重要的就是要找原因、找不足、找到问题的症结，然后再做出改变。当你改变了之后，你就会发现会有更多优秀的人向你聚拢。

每天都是新的开始，向前看，很容易就能放下

朱小明： 时代光华董事长孙卫珏曾说过一段话：

英雄不问出路，英雄不挡去路，英雄只问一句是否同路。如果说我们同路，一起走一段到某个地方了，你说你要下车，好好地说再见，我就接着走。你说你要跟我一起走的话，那就接着往前走。你怎么上车的我不管，你从哪儿上车我也不管，咱俩正好在这一段认识，往前走一段。到了这站，你说你要下车，那就后会有期。这是一种很洒脱的心境，很豁达的心境。

我觉得对于我们做团队，在某种程度来讲，要有这样一个格局：我们先要反思，因为我是一切的根源，但他之所以没有留下来或者有什么问题，就要考虑我在这个方面应当怎么去调整，应该怎么去成长，怎么去学习，再遇到类似的问题怎么去处理，这是一定的。

还有，既然某些事情已经发生了，我就坦然面对，没有必要去纠结，而且还要祝福他，没准哪一天还能再走到一起。

赵艳： 所有的行业在创业的路上一定要稳，就是你别着急，一点一点来，一定要稳中求胜。你所有的事情都是一步一步积累的，没有一步登天的，是需要亲历所有的事情，然后才会言之有物。

机会肯定是会给有准备的人。

创业点评：创业就是一个反思与成长的过程

1. 了解自身的优势和经验：赵艳深知自己的优势和经验来自与人沟通和服务，这是她在支付行业能够取得成功的关键因素。创业者需要理解自己的核心能力，并在选择行业或项目时充分考虑这些因素。

2. 选择轻资产和轻运营的项目：赵艳在选择创业项目时，特别关注投入和运营压力。她选择了轻资产和轻运营的支付行业，减少了初始投入的压力，也降低了运营的难度。这个决策非常聪明，对于创业者来说，很重要的一点是保持持久的耐力和足够的现金流，以便在遇到困难时有足够的空间进行调整和改变。

3. 持续学习和调整：赵艳表示，尽管她一开始并不完全认可支付行业，但她愿意尝试，并给自己半年的时间来了解和适应这个行业。这显示了她的开放心态和持续学习的决心。在创业过程中，我们往往不能一开始就完全明白所有的事情，有时需要通过实践，通过反馈和结果来学习和改变。

4. 自我成长和反思：赵艳的经历突出了自我成长和反思在创业过程中的重要性。她从自己的错误和经验中学习，并通过倾听和更好地理解他人的观点来改进自己。这是一个非常重要的创业课程，因为创业者需要持续学习和适应不断变化的环境。而且，认识到问题可能源于自己，而不是他人，这也是一个崭新的角度，能帮助我们避免责备他人，且更加专注于解决问题。

5. 沟通的艺术：在此对话中，赵艳强调了以他人能理解的方式表达思想的重要性。这是一项极其重要的技能，无论是对内部团队的管理还是对外部客户的服务。优秀的沟通能力不仅仅是表达自己的想法，更关键的是能让别人理解和接受这些想法。她的转变体现了她在这方面的进步，并为其他创业者提供了值得学习的模式。

6. 以家庭和孩子为动力：赵艳以自己的孩子为动力和快乐源泉，这种关注家庭和孩子的心态可以给她带来情感上的满足和动力。这种情感支持可以帮助她在创业过程中保持积极的心态和坚持不懈的努力。

7. 创业过程中的享受和认可：赵艳强调创业不仅是为了摆脱贫穷和改善生活，还是一种享受和认可的过程。她鼓励创业者在创业过程中适当地放松自己，享受生活的成果，并将消费作为一种缓解压力和提升生活品质的方式。

本周自修页（焦点思维表格）

· 根据阅读心得，聚焦核心问题，专注思考。
· 要求填满每一个表格，不用考虑是否合理或严谨，可以替换调整顺序，不增加但不能减少。
· 长期坚持，会发现任何问题至少有八个以上的解决思路。

1	2	3
8	我最大的收获是	4
7	6	5

1	2	3
8	我发现自己的差距是	4
7	6	5

1	2	3
8	我立刻应该采取的行动是	4
7	6	5

第 3 章

第 8 周

爱的力量最伟大

<<< 人物故事 >>>

李轩同

我从事过服装生意，鼎盛时期拥有 56 家服装连锁店，在教育培训行业也有 8 年经历。最终选择鑫伙伴平台创业，创业思维让我拥有多方位思考能力，眼界的拓宽，思维的向上发展，帮助更多人创业，并让他们实现财富自由，在帮助别人的同时也成就了更优秀的自己。

创业一路走过来，经历了很多坎坷，也收获了想要的财富，回想起来，至今让我难忘的就是在 18 岁开始摆地摊卖衣服的时候，遇到了一个可以在商场出摊的机会，只有 10 平方米的黄金位置，月租金却要 500 元，当年的 500 元可是一笔不小的数目。很多同行都望而却步，但我当机立断第一时间就租了下来。承受着巨大压力，开始进货。开业当天，我特别忐忑，担心自己的货卖不出去。可让我惊喜的是，因为位置好，客流量大，我备的货当天就被一抢而空，晚上回家清点了一下收入，一天盈利 1 000 元，我高兴得跳了起来。因为自己明智的决定，不仅当月房租出来了，还盈利 500 元！从那个时候开始，我的服装生意就越做越大了。

创业过程中，我最骄傲的一件事就是能成为灯塔，可以照亮更多人。这句话说来简单，实践起来却并不容易，需要有智慧和远见，并有足够的胸怀与格局。当初，我也没有想过要成为这样的人。在经营鑫伙伴初期，第一个想到了我曾经的好友和同事杨景辉，他来自河南偏远山区，当时他没有任何资产，背后更没有什么资源和人脉，性格也很内向。但是，他有梦想，肯学习，肯吃苦，而且待人真诚。我发自内心地想拉他一把，因为有梦想的人值得被重视！

2020 年，因为疫情，我们都被困在家里，当我准备开启鑫伙伴事业时，我就想到了这个有梦想的年轻人。可我打电话邀约他时，他已经困在家里开始做其他线上项目了。我该放弃还是继续邀约，我选择了后者。他总有理由拒绝，但我依然没有放弃。跟进了大半年，打了五六十通电话，他终于拖着行李箱从老家洛阳来到燕郊孵化基地。既然邀约他来了，就要带他成功！一遍一遍地教他上台演讲，一遍一遍地教他演示和操作产品，一遍一遍地教他人情世故。时间是最好的礼物，现在的他不仅月入 6 位数以上，而且成为体系里最有影响力的团队长，成为人人尊敬的杨老师！他现在总是对我说："轩同老师，你就是我的灯塔，你照亮了我，我也要像你一样照亮更多的人！"

我的座右铭：今生不为赚钱，只为度人！

一个人要做成事的两个重要动力

朱小明： 李轩同是一个典型的草根创业者，超级自信在她身上体现得淋漓尽致，是一种自恋般的人格特征。这源自她的独特经历，就像她常说的"只要我做的决定应该都是没问题的"。她不仅超级自信，敢闯敢干的劲头也是超过常人的。

李轩同： 我们家在老家过的条件是比上不足，比下有余。当时，我们村里一共有 300 多户人家，我们家被称作万元户。我是内蒙古人，当时家里有牛有羊的生活还可以。我从小就跟着爸爸出去做生意，打小就是很多小朋友们羡慕的对象，吃好的，穿好的，过得不错。

每个村里都会有一些聚众玩牌的地方，我爸之前从来不赌。后来当他手里有些钱了，就想去玩一玩，可能觉得玩这个比卖东西来钱快。

后来，我听人家说我爸爸在玩牌的时候输了 1 万多元钱。我记得那天爸爸就蹲在一个角落里，默不作声。虽然我不知道 1 万元钱有多少，但我感觉家里出大事儿了。爸爸和爷爷连夜出去借钱，结果一分钱也没有借到。我说爸，你别着急，我不上学了，我帮你还这 1 万元钱。于是，上初二的我就这样辍学了。不管怎么样，我必须帮爸爸还掉这 1 万块钱。正好那个时候，我姨要来北京，我就跟她说要跟她去北京，为我爸赚这 1 万元钱还账。我姨说你去北京普通话也不会说，文化又不高，找工作也不好找。我说，没关系，只要你领我去就行了。

1997 年，我跟我姨来到北京，去了楼下一家超市应聘。老板说，你可以来上班，一个月 300 块钱管吃管住，但必须得学会用算盘来算账。当时，老板给了我一个算盘，说让我拿回去练一练。经过一晚上的练习，老板娘看我算盘打得有模有样，就留下了我。第一个月一发工资，我马上就给妈妈寄了回去。

听说卖鞋挣钱多，于是我便去鞋城应聘。虽然我之前没干过这一行，幸运的是，我遇到了一位人美心善的北京大姐，不仅同意让我试一下，还教了我不少专业知识，包括怎么记鞋码，怎么接待顾客。因为我记性好，很快就通过了试用期，保底加提成我一个月能拿到将近 1 500 块钱，但是那里不管吃不管住，还要租房。后来，我算这个工资也不能快速帮我爸还清那 1 万元钱。后来，我又发现前门大街那边有一个步行街，很多人在那里摆地摊卖东西。我看到有个大姐在卖吊带裙和裤子，质量挺好的，我上前帮她一起卖，后来，我也跟着她们去批发市场进了一点货，下班后出去摆摊。对我来说，只要赚钱我就开心。我想以后自己有钱了，开个店，肯定比上班强得多。

正好有一个机会，有个商场要出租一个 10 平方米的场地，月租 500 元，别人都不敢租，但是我很看好，因为那里正好是一个商场入口，客流量大。我凑够 500 块钱后，直接把租金交了。正好赶上我们每个月 5 号发工资，把大钱寄回去后，我留了点小钱去进货。没想到开业第一天就把 500 块钱的租金赚回来了。那个时候，我非常勤奋，每天 4 点起床，忙到半夜才睡，但我一点都不觉得累。随着我的生意越做越大，我的胆子也变得越来越大，最多的时候我在北京开了 56 家服装店。那个时候，我积攒了不少的人脉，也赚了不少钱，包括在北京买房，全都是那个时候赚的，这是我第一阶段的创业。

主持人：这是一个辛酸又励志的故事，听完之后我们就知道轩同为什么会这么自信了。她是在不断地做选择，然后去实现，再做一个选择，再去实现的过程。

其实，这个过程也在不断强化她对自己的认知，对自己有信心。

不断强化信心的过程也养成了对事情、对挑战的一些判断，因为我所发的愿望都能够实现。第一段创业是要帮助父亲还债，结果开了 56 家服装店；第二段创业应该会更精彩，我们一起来听一听。

⚡ 爱最有力量

李轩同： 当时开了 56 家服装店，有很多的员工、店长，那个时候也赚钱，但也遇到了瓶颈期。淘宝来了之后，线上对线下是有很大冲击的，我感觉自己一定要出去学习一下。那时候刚刚开始用微信，发现很多人已经在朋友圈里卖货了，如何引流卖货，包括如何写文案写软文等都得学。培训费 19 800 元一个人，我连考虑都没考虑，直接报名去学习了。在学的过程中，有一个老师过来介绍了一下财商的课程。微营销学了以后，我又报了财商的课程。

回来后，我第一个动作是先把所有的服装店长叫到一起，开会教他们怎么用微信去营销，同时我们创建了多个公众号，也建了很多个群。虽然，服装生意又进入另一个高峰期。那时整个商场，我们店的员工工资是最高的，利润也是赚得最多的。之前，我在北京昌平学的财商课程确实不错，帮到了一批人。后来，我组织了 1 000 多人来上课，从中我拿到了更多的财富和人脉，这是我第二个创业项目，从服装行业转到培训行业，非常顺利。

主持人： 李总的创业故事中，能感受到的是对父亲的爱，一个小姑娘 15 岁毅然决然地辍学，背负了她这个年纪不该背负的责任。她说，一发工资就马上往家里汇，你以为这仅仅是钱吗？不是！那是一个女儿对父亲的爱，这个力量是非常强的。

当然，在这个过程当中，她也在积累自己的信心，增加自己对商业的认知，这种敏感度，包括能够干成、能够操作的把握和信心。

第二段创业，能够感受到她在认知方面的提升，因为开始的时候是开实体店，然后去主动学习，学习如何做微信营销，线上线下打通，业绩一下子就起来了。后来，她又学习了财商课程，转向另外一个发展方向，这也是一个不同的判断和选择，而且是一个认知提升和从不同角度看问题的方式，也是一种危机意识，当干实体店发现受到淘宝的冲击后不是自暴自弃，而是寻求突破，学习新方法，适应新的环境，那个时候一个人出几万去学微营销，非常不容易。她花的不是学费，是立志改变的决心，也是另外一种投资。

本周自修页（焦点思维表格）

· 根据阅读心得，聚焦核心问题，专注思考。

· 要求填满每一个表格，不用考虑是否合理或严谨，可以替换调整顺序，可增加但不能减少。

· 长期坚持，会发现任何问题至少有八个以上的解决思路。

1	2	3
8	我最大的收获是	4
7	6	5

1	2	3
8	我发现自己的差距是	4
7	6	5

1	2	3
8	我立刻应该采取的行动是	4
7	6	5

第 3 章

第 **9** 周

草根创业就是一种修炼

9 每一步的付出未来都有回报，关键点在于初心

李轩同： 当时就感觉一定要学习，因为看到来学习的很多老板，他们的文化水平都比我高，起点也比我高，还有很多来自南方的家族和老板，不学习就会落后。当时，也没有人和你保证学了之后一定就能成，但我学了做了就成了。有人说我特别自信，自信这种东西可能就是从一次次的结果确认后树立起来的。在搞培训以后，我陆续就把店都转出去了，因为我不想牵扯太多精力。虽然期间很多人都劝我继续开店，因为都是赚钱的，收益也还不错，但冥冥中好像有人在跟我说，别干了。

到了 2019 年 12 月底，我的实体店都转出去了，结果，新冠疫情来了。很庆幸，坚持了自己内心的决定，结果又对了。

接下来就是第三段创业。在疫情期间，都出不去，培训也做不了，课程也做不了了，怎么办？我就在线上看抖音、短视频等，通过观察，加上我的知识以及我们的工具，觉得干支付行业这个事还可以。在这里我要感谢一下我的贵人于总，她给我打了 4 个小时电话，让我来试一试。我就在直播间玩一玩说一说，在短视频上也说一说。刚开始做这个事情的时候，我就成功地帮了一个人。一天，我发现一个男的蹲在一个角落里哭，我问他怎么了，后来我才知道原来他一天之间痛失了两个亲人。于是我给了他 5 000 元钱。我说，你拿着这

个钱，以后把生活过好，慢慢都会好起来的。

后来，他回老家种地，听说过得也不是特别好。于是，我就让他跟我搭档，我在直播间聊项目，说工具跟方法的时候，他就在旁边学着帮我控场做售后，直到他一个月能赚到 30 000 元钱的时候，他特别开心，我也感觉自己很有成就感。

现在我团队里有 4 万多人，不管他们之前是做什么的，只要愿意跟我一起创业，能信任我，我就一定会让他们拿到结果。

主持人： 我觉得李总的每一步付出，都是有一个回报的，因为关键点在于初心。最开始的时候她挣钱，并不是为了满足自己的消费或者是财富自由，而是持着一个爱心，要先替父亲还钱，让他站起来，这是一种爱的力量。所以，在遇到困难和挑战的时候，你就没有障碍，因为你的目标就是一定要做到这一步。

后来，你看到的每一个身处苦难中的人，看到的其实不是那个人，而是刻在你心里的那个父亲蹲在角落里的印象。当你再看到一个人在苦难中的时候，就会生会悲悯之心，想让他立起来。

创业在某种程度上也是在修炼

李轩同： 就像我要让我的父亲立起来一样，这是最朴素的一种爱。

主持人： 从李总身上，我们能感觉到整个过程中，是很有力量很幸福的感觉，她不怕还债，她是很幸福的，因为这是爱的力量，爱会让人快乐幸福。

在她身上，我们能感受到那种幸福和美好。

这种感染力，能够影响非常多的人。当你在不断利他时，根据能量守恒定律，福来者福往，爱出者爱返，所以，她才能够在短短一年半时间里带出一个战斗力很强的团队，这就是相互成长的力量。

创业在某种程度上也是在自我修炼，种下这些种子，将来会开成一朵朵美丽的花。

最后，请李总送给我们广大的草根创业者们一句话。

李轩同： 我们做着平凡的事，做着平凡的人，只要你坚持，只要你有爱，你绝对会发光发亮的。

创业点评：成为灯塔，才可以照亮更多人

1. 坚韧不拔的精神：李轩同在面临家庭财务困境的情况下，积极面对，自立自强。她的坚持和不屈不挠的精神令人印象深刻，同时也体现了创业过程中必不可少的坚韧和毅力。

2. 自我发展和学习的能力：她展现出了非常高的自我发展和学习的能力。她适应新环境，学习新技能。例如，她快速学会打算盘、记忆鞋码。她对挑战的积极应对，以及在没有人教的情况下自我学习，都是非常宝贵的创业素质。

3. 良好的商业洞察力和决策力：她的成功部分归因于她敏锐的商业洞察力和坚决的决策力。例如，她看到别人不愿租的商场入口空地，觉得不错就果断租下并能快速收回成本。她能够清晰地看到机会并果断把握，这对于创业者来说是一种重要的能力。

4. 持续学习和适应：面对线上对线下的冲击时，没有沉溺于旧有的经营模式，而是选择学习新的营销策略。她投入近两万元去学习微营销，这个决定使得她的服装店生意重回高峰。她敏锐地洞察了市场变化和危机意识，不断学习新知识，这使得她的事业能够持续发展。

5. 意识到行业变革并做出果断决策：在培训行业火爆时，她舍弃了稳定且有利可图的服装业，转向培训行业，这种果断和洞察力让她能在新的行业中取得成功。这也彰显了她的商业敏感度和决策力，她能够在关键时刻作出决定，抓住行业的发展机遇。

6. 创业需要创新和适应能力：在新冠疫情期间，传统的业务受到了严重的冲击，需要找到新的生存和发展之路。在这种情况下，利用数字媒体，如抖音和短视频进行商业模式创新，是非常适应市场需求的举措。在这个过程中，我们可以看到，创业者需要具备的一个重要素质就是创新和适应。

7. 创业者的责任和使命感：创业不仅仅是一种追求财富和成功的方式，更

是一种责任和使命感。她认为，只要愿意跟她一起创业，能信任她的人，她就一定要让这个人成功，让这个人拿到结果。这种责任感和使命感，让她在面临困难和挫折的时候，能够坚持下去，最终取得成功。

本周自修页（焦点思维表格）

· 根据阅读心得，聚焦核心问题，专注思考。
· 要求填满每一个表格，不用考虑是否合理或严谨，可以替换调整顺序，可增加但不能减少。
· 长期坚持，会发现任何问题至少有八个以上的解决思路。

1	2	3
8	我最大的收获是	4
7	6	5

1	2	3
8	我发现自己的差距是	4
7	6	5

1	2	3
8	我立刻应该采取的行动是	4
7	6	5

第 **4** 章

- 证明自己的方式就是一直在燃烧。

- 多做事不是负担，是自己跨越自己、自我颠覆、自我超越的好机会。

- 生意本身就是合作的关系，发挥各自优势，共赢发展，共同赚钱。

- 创业对我来说，是人生的一种希望。

- 通往成功的路径，销售是最快的，改变人生也是最快的，也是门槛最低的。

- 在别人抱怨的时候，我们不抱怨，这就是我们超越别人或者是我们前行的机会。

- 不管做任何事情都要定得住，心定得住才有力量；有恒心、有韧性才能够真正走得长远。

- 创业不仅仅是得到财富，更多的是能成就一批人，这是创业的魅力之一。

第 4 章

第 **10** 周

多做事才能创造机会

<<< 人物故事 >>>

潘欣

　　大学毕业开始北漂生涯，加入安利，经历个人努力，成为安利中国的高级主任、高级培训师，为个人发展奠定了良好的基础。2017 年开始接触支付行业，看到了支付行业的管道收入，独特的收入模型，可以将自己的专业、积累的经验无缝对接。北漂 20 年，前十年在积累，在积蓄力量，等待爆发，后十年，追梦少年用三年时间实现华丽转身，找到人生的方向和美好的未来。

　　我相信：助人自助，成事成仁。

证明自己的方式就是一直在路上燃烧

潘欣：好的老板能够给你一个好的平台。我老板说，潘欣你不适合做市场，就适合做公司。老板的一番话让我觉得这是一个很好的成长机会。

主持人：在职场中很多人会觉得老板给一样的钱，却给他安排这么多活，就会不乐意，但真正有智慧的人知道这是自己跨越自己、颠覆自我、超越自我的好机会。营训交给你，培训也交给你，当你真的接受的时候，你会发现它已成为你的核心优势。

潘欣：当时我身边几个特别好的朋友对我说，潘欣，你以后做讲师吧，做培训特别适合你，可以成为你的出路。当时，我没太在意，那时因为业务需要做这些事情，反正都是做，那我就帮着大家一起做。到玖红企业以后，工作也是两块，一个是营训岗，另一个是市场岗，以营训岗为主。后来，全国市场打开了，看大家反馈还不错，就开始让我做营长，从1个人慢慢发展到3个人、5个人、10个人。有一年，陆总说要成立部门，又开始去做关于营训部的项目规划，我用了将近半个月的时间，把营训部成立的目的意义，包括从招聘、企业文化、管理规章制度、绩效考核、薪资劳保等一切内容都弄出来了。

陆总说以后可能会独立成立公司，在玖红这个平台有很多项目或者很多经营的盘子在做，刚好这个独立部门是每一个市场都需要的。

另一个项目也派来营长，我在帮他孵化，已经带了两个徒弟了。我跟陆总说，如果帮这些机构培养人才，教会了营长，哪一天要是跳槽了，我们该怎么办？陆总说，他要为整个支付行业做这个事情。我说这格局太大了。我就按照老板的交代，开始扶持机构营长，现在机构营长已经开始有雏形了。

主持人：也就是说你是十几年的努力换来了这两年的开花结果。

潘欣：命运很神奇，2017年我最难的时候，被迫从安利出来，和女朋友也分手了。事业没了，爱情也没希望，钱也没挣着，那时候是我人生的最低谷，过年回家待了一个月，哭了好多次。我从小在乌鲁木齐长大，在市里面生活也还可以。我的自尊心比较强，上学那会儿一直是班长、各种委员，学习成绩也很好。在北京上完大学后开始工作、创业，安利这些年磨炼了我的情商、综合能力，养成了好的工作习惯。这是我在安利公司最大的收获和成长。

多做事不是负担，是自我颠覆、自我超越的好机会

主持人： 虽然它没给你带来财富，但是锻炼了你的能力。

潘欣： 最核心的就是人脉，我后来转到支付行业，很快就拿到了一个月 1 万多元钱。我做主持做培训这么多年，北京 1 000 多人的团队我全认识，很快我的业务就对接上了，而且养成了好习惯。我懂目标，会建立奖金制度，很快就把人脉全部变现，拿到结果了。这让我明白了两件事，找到一个真正能够带给自己未来发展的机会，给自己施展能力的平台，而且还有人相信你，能够放权让你去做。

主持人： 你在安利做了 7 年，在安利没拿结果，那你是靠什么坚持下来的？

潘欣： 能在一家公司坚持 7 年，一定有吸引你的东西，那个东西就是我理解的那种生活方式，这是很重要的一点。第二点就是渴望改变，渴望跃层。因为之前我身边的这些朋友同事、原来的圈子，其实都很普通，我家里也没有一个做生意的。所以，创业对我来说，是人生的一种希望。

从小我就不甘心，想过好的生活，想改变。有这种企图后，我就进入了安利。现在，我慢慢理解了，要想把安利做好，确实是需要一些基础和条件的。

主持人： 其中，有没有让你印象深刻的事和人？

潘欣： 之前，我的一个老师是泥瓦工出身，后来在安利的年薪达到了百万。我发现，他特别爱看书，他的每次分享都特别能撞击人的心灵。在我听完他的课后，我学到了很多东西。他经常会点拨我，指出我的问题。这对我个人的成长及后面带团队都有很大的帮助。

主持人： 现在，你带这个团队最大的感受是什么？

潘欣： 从我的内心来说，想帮助这些兄弟们能够早日拿到结果。这些兄弟们真的不容易，其实都跟我之前一样，现在这些人都还没有上岸，是有压力

的，特别是经济上的压力。所以我觉得最重要的就是给他们一种希望，就是他们可以通过自己的努力，能够改变。他们也是有能量的人，也是有能力的人，其实能力都不差，只是他们没有做支付行业的经验而已。

把一个人培养出来，这个过程其实特别难。首先，他们每个人的情况不一样，然后我要通过公司，让他们能够真正地找到归属感，在这个行业的这个公司找到希望，让他们能快速翻身，看到结果，再去谈更多更远的布局。比如我来公司时，陆总就直接问我，你想要拿到一个什么样的结果？我想都没想就说，我来玖红就有一个想法，先拿到百万年薪。

他们可能看不到他们的未来，但是我能够看到，相当于我帮他们去看清楚自己的未来。就像我们做市场，很多人就是做业务，我把机器卖出去就完事了，但是我看到的是这个顾客背后的市场，我可以看到这个顾客未来他能够做到 500万、1 000 万，甚至 3 000 万。我们就是要让他用这样的眼光去看待这个事情。

当然，他们需要一点点去启发。就像陆总说的，你得站到更高的角度，你要站到我的角度去看整个玖红未来的发展方向。现在，我也在刻意培养，先要有左膀右臂，然后是四梁八柱，再把这个团队的梯度做出来。接下来就是内部的培训，提升团队的思维。

主持人：所以现在你在营训中能够帮到更多的伙伴。

潘欣：我手机是从不关机的，只要有需要，在营训期间我们可以沟通到很晚。只要你开口且我能帮你时，我绝对会帮你。

主持人：这个过程看你讲得云淡风轻的，但当你真正作为一个主角，在整个过程中时其实是很辛苦的，要付出很多。

潘欣：上次朱老师说的那句话，我觉得特别受益。你能够站在台上把你原来不好的一面坦然地说出来，说明你已经真正走向成熟了。因为朱老师说的那句话，说到了我的心里。后来，我研发了一个课，就是有关成长、成熟和成功的。

再后来，我终于实现了自己向往的生活，我感到特别自豪。我对我的营长们说，我们有今天这么一个好机会，不容易，要珍惜。

生意本身就是合作的关系，共赢发展，共同成长

主持人： 最后用一句话回看创业，你怎么定义创业？

潘欣： 创业对我来说，是人生的一种希望，也是我最终的归宿。创业虽然有挑战，但是我喜欢这种滚烫的人生。一直会创业，为创业而生，为创业而死。生命不息，创业不止，我会是战斗到最后的人。我从 2017 年找到了人生的目标及动力之后，到现在为止没有停歇过一天，因为只要一觉醒来，我就会充满战斗力，充满能量。

世界那么大，我要去看看。每个人创业的体悟有很大的不同，因为跟每个人的成长环境及经历有关，所以感受也是不一样的，我觉得这个世界还是很值得回味和体验的。等到我们老了，再回忆起这些年的创业经历，应该是一件很美的事。所以，只要能给我一个发展方向和平台，证明自己的方式就是一直在路上燃烧。

创业点评：永葆激情，才能为创业赋能

1. 定位和专业发展：在职场中，定位和专业发展非常重要。一个好的老板能够给员工一个准确的定位，使其能够发挥自己的核心优势。潘欣通过在公司的培训和营训岗位上的工作经历，逐渐找到了自己的定位和专业方向。这种定位的准确性对个人的成长和发展非常关键。

2. 人脉和机会的重要性：人脉对于职业发展是具有重要影响的。潘欣在安利工作期间积累了丰富的人脉资源，这为他在支付行业的转型提供了很大的帮助。通过与已有的人脉进行无缝对接，他能够更快地获得业务成果。同时，找到一个真正能够带给自己未来发展的机会，并得到信任和授权，也是个人职业发展的关键因素。

3. 价值观和渴望改变的力量：个人的价值观和渴望改变的动力对于职业发展至关重要。潘欣对改变命运和跃层有着强烈的渴望，并通过努力和学习不断提升自己的能力。这种积极的心态和动力推动了他在职业道路上的成长和进步。

4. 为团队成员带来希望：作为团队长，潘欣的最大感受是希望能够帮助团队成员早日获得结果。他意识到团队成员面临的经济压力和挑战，并希望通过他的努力和支付行业的经验，让他们能够改变自己的境遇。他鼓励团队成员放眼未来，认识到他们的潜力和能力，不只看眼前的工作和收入，而是有远见地布局未来，实现更大的发展。

5. 创业的意义和动力：潘欣将创业定义为人生的希望和归宿，认为创业是一种滚烫的人生体验。他对创业充满热情和动力，坚持不懈地追求自己的目标，并愿意战斗到最后。他相信世界如此广阔，每个人对创业都有不同的体悟，他认为这个世界值得去探索和体验。潘欣的坚持和激情为团队成员树立了榜样，激励他们去追求自己的创业之路。

本周自修页（焦点思维表格）

· 根据阅读心得，聚焦核心问题，专注思考。
· 要求填满每一个表格，不用考虑是否合理或严谨，可以替换调整顺序，可增加但不能减少。
· 长期坚持，会发现任何问题至少有八个以上的解决思路。

1	2	3
8	我最大的收获是	4
7	6	5

1	2	3
8	我发现自己的差距是	4
7	6	5

1	2	3
8	我立刻应该采取的行动是	4
7	6	5

第 4 章

第 **11** 周

不抱怨才能超越

<<<　人物故事　>>>

李东升

　　我曾经在工厂打工，做过包工头，开过小广告店。我决定创业是因为不甘心一辈子给人打工，想要通过创业改变自己和家族的命运。我感觉自己的优点或者特长就是善于与人沟通，行动力强，擅于发现别人的优点，从而取长补短。

　　我的团队中曾有一位伙伴，由于和公司政策发布的内容产生了一些分歧，导致伙伴情绪失控，在心里埋下了心结，后来经过长时间不断地沟通，帮他普及了政策能给他带来的利益，以及给予了小伙伴一些公司的规划和未来发展的方向，最终小伙伴了解了其中的利益最大化，从而打开了心结。最后，他还在团队里取得了自己满意的结果。

2021 年在河南濮阳，另外一位小伙伴因家庭问题导致心态出现了严重的问题，开始恐惧人生，内心埋下挥之不去的阴影，后来通过长时间的面对面推心置腹的交流，站到对方的角度上帮他分析前因后果，引导他走出困境。后来，小伙伴对未来充满了希望，最后小伙伴也拿到了他想要的结果。对于这件事，我发现了要时刻站在对方的角度思考，坚持不懈地与之交流，才能进一步快速解决所产生问题。

我个人的想法是：做真人、做真事、真帮人！

在通往成功的路径上，销售是改变人生最快的，也是门槛最低的

朱小明： 李东升在草根创业群体中是一个传奇，很多伙伴就是因为看到了李东升才坚定了自己的创业决心。因为很多伙伴都会这么想，像李东升这样的出身、学历、背景的人都能做得这么好，我一定也可以。但我们如果深入了解一下李东升就会发现，其实并没有那么简单。李东升对很多事情的思考角度和思维格局更让我们对草根创业这件事的意义和价值有了更深的认知，同时李东升的经历、思维模式与工作方法是可以让很多草根创业者直接拿过来复制，并为其所用的。

李东升： 其实，我在创业之前就是一个普通的打工者，打了十几年工，做过包工头，开过广告店，做过广告牌灯箱。年年打工，但年年都养不活自己。深刻感受到生活的压力、家庭的压力。自己想要的结果、自己的梦想，靠打工是解决不了的，所以我一直在寻找机会。一次偶然的机会让我接触到支付行业。

主持人： 你的经历可以分成两个阶段，一个是创业之前，另一个是创业之后。创业之前，你做过哪几项工作最后都没能坚持下来，原因是什么？

李东升： 主要原因就是挣不到钱，还可能跟所做的行业也有一定的关系。有一些行业需要关系，需要各类资源，如社会资源、丰富的人脉、学历背景等。要求太高了，可能需要几个关键点，缺少一个点就干不成这事，最终都以失败告终。

主持人： 相信很多草根创业者感同身受，想要干点事，没学历，没社会资源，没专业技术，也没钱，该怎么办？准入门槛是非常关键的，比较高的我够不着。那么，你具体是怎么找到这个方向的呢？

李东升： 现在这个方向是通过互联网发现的。2015 年的时候，我在线上

认识了一个朋友，他说支付行业还可以，我们聊得也很投机，在面对面聊完这个事后，我觉得挺好。

草根底子本来就弱，需要一种安全感，在这个行业中看到了保障。

主持人： 为什么认为它有保障？

李东升： 因为有高收入，投入和付出成正比。第一点，准入门槛低，没有那么多限制和要求，不要求学历，不要求有什么社会背景。第二点，是能够有一次性付出后，后续会有一些长期回报。也就是说，努力一年或者两年，后期就能够带来源源不断的回报，即所谓的复利价值，这是对我特别有吸引力的点。

再一个是销售性质，我偏向于销售，因为打工的时候就想改变，但是不知道通过什么渠道改变。有一次，我看了一个短视频，说通往成功的路径，做销售是最快的，改变人生也是最快的，也是门槛最低的，不用投入大资本，只要投入自己就可以了。我看过一本书，叫《销售的底层逻辑》。我看得很慢，但是每句话都能理解，也能吸收。当时，我就会想作者是怎么想的？为什么要说这句话，这句话的底层含义是什么？

我还读过稻盛和夫的《干法》，学完之后，我就知道自己应该往哪里走了。

主持人： 那你之前没干过销售，对销售也只是有一些认知或者意识。当你真正干销售时，它跟之前的工作性质就很不一样，挑战会非常大。你遇到过一些挑战或者让你印象深刻的一些事吗？

李东升： 确实有挑战，比如书上学到的只是与人沟通时的一些方法，但是真要与人交流，一开始要突破这个点的时候，我的脑子是一片空白的，说出来的东西都不是心里想要说的，甚至反应不过来，觉得有劲使不出来。后来，我通过互联网学习相关知识后，不断地读稿子，找线上的陌生人练习。一段时间之后，我再去线下跟别人沟通。

主持人： 你先在网上练习，然后见到客户的话，是怎么克服线下障碍的呢？

李东升： 开始的时候，走访的客户都是和我差不多维度的。因为我是搞电焊的，一开始我就找干电焊工作的人，后来才开始找一些从事微商行业的、物流园的、卖电动车的人，双方身份地位相对平等一点，更容易进入，也不会有太多的恐惧和心理障碍。等在自己熟悉的圈子里练得熟练了之后，再慢慢突破，先从改变自己的形象开始，慢慢融入一些高端一点的地方。我会告诉自己：第一，我的知识储备差不多了；第二，我的行业经验也丰富了。所以，我可以对应交往的人。

主持人： 这是一个很好的成长路径。尤其对草根创业者来讲，如果一下子就到一个比较高的圈层，他可能会不适应，甚至会有巨大的压迫感和挫折感，所以不如先从自己熟悉的领域和圈层先去做。这个叫匹配度。

人跟人之间最舒服的状态是什么？就是匹配度高。这种匹配度源自一个人的认知匹配，即思维维度的匹配、知识结构的匹配、心理能量的匹配。我可以平视你，甚至可以俯视你的时候，就很容易产生自信。内心有自信的力量才可以转化成说服力，转化为成交的力量。

所以我们要找到适合自己的舒适圈层，这是一个修炼自己内功的机会。在练习够了之后，再去想办法破圈。当你的匹配度极高的时候，是很容易在这个圈子里面拿到结果的。当你拿到结果之后，你的自信度和能量就会得到进一步的提高。随着成交率越来越高，你的专业知识技能、行业认知也在迅速提高。所以，在这个过程中你的维度、结构、能量，都往高级别的维度上升了，之后才可以去匹配一个更高的客户群体。如此往复，你的圈子也就变得越来越大、越来越高了，这就是良性循环。

李东升： 当你能力很低的时候，你通常是拿不了大客户的，还会让你认为这个行业没法做了。所以，一开始学一定要找到能量稍微比你低的。他是你的老师，你要慢慢琢磨研究他的心理，在面对他时把你学到的东西都用上，然后看结果，复盘过程，相信你一定会有很人的提升。

所以，你要清晰自己的定位，太过于好高骛远，就会适得其反。

在别人抱怨的时候，我们不抱怨，这就是超越别人的机会

主持人： 就是说我们想要往上走，一层一层往上去突破的话，你也得有这种动力，李总激发你创业的动力，你觉得最关键的是什么？是要挣到钱吗？还是要改变自己的生活？

李东升： 我这人还是不甘于平庸，在任何情况下都是一直朝着前方走，我不会在一个点上停留太久时间，人生就这么短短几十年，必须要创造尽可能大的价值。给自己挑战，让自己看到更大的世界。站在更高的角度，提升自己，然后再创造价值，再提升自己。

主持人： 就是绝对不允许十年如一日平庸地存在。

李东升： 哪怕我现在赚了 1 000 万元或更多的钱，我也不会在这个维度上一直停留，我会逼着自己不断地进取，很多时候是先有胆子，然后才能释放出能量。先逼着自己往前走，做这个事我觉得它是一个生意，觉得它是体现自己价值的一个事业，我们往前走的过程中肯定会遇到很多打击，应该去突破。我们最初开始从一个人跑业务再到组建团队，再到后来更大的大团队，都会面临很多的问题。

主持人： 其实蜕变的过程是很痛苦的。这个过程中你有什么感受？有没有一些让你印象深刻的事。

李东升： 比较深刻的事情就是刚进入这个行业做销售的时候，因为当时专业知识不强，结果面对不熟悉的客户，本应该 5 分钟就解决了的事情，我们搞了两个小时。两个客户在那儿等着急了，直接把我推出来了。我不甘心，就把设备放到他桌子上，我说我一会儿回来。为什么我把东西放在那里，就是想回来的时候还有个由头。结果等我再回去看时，客户早就把我的设备给扔了，而这也意味着在你最难的时候没有赚到钱，而且还损失了产品。

主持人： 本来是希望回去学好了，结果再回来和客户说，结果你留在那

儿的产品也被客户给扔了。那时，你是怎么处理的？

李东升：这是该交的学费。我觉得这件事情告诉我们想要成长，想要去拿到更大的回报和结果，一定要克服自己的心魔。如果连自己的专业问题都搞定不了，这就是我的问题。所以，我要做就是赶紧学好专业知识，下次不犯这样的错误。

这其中，转变心态是关键的一步，很多销售人员是做不到的。

主持人：那请你分享一下你的经验！

李东升：其实这时候出现委屈，过不去这个坎，觉得伤自尊都是很正常的心理波动。但是，事情已经发生了，当时我想的是要不要成长，要不要拿到想要的结果。你的目标或者梦想到底是什么？如果你要拿结果，那你一定要克服自己的心魔，才能够往前走。包括后来很多次团队遇到瓶颈期，或者团队的矛盾，或者是遇到团队有负能量等，我们一定要坚定自己的初心。

遇事不抱怨、不放弃，这就是我们超越别人的机会。当别人在抱怨时，我们却想办法解决问题，这样才能有利于我们发展，把不好的变成好的。

创业不仅仅是得到财富，更多的是能成就一批人

主持人： 很多时候，创业者之间的区别会在哪里体现出明显的区别？其实就是在遇到困难的时候，对遇到所谓的不公时做出的反应，决定了他们之间的差别，也决定了是能继续往前走，还是会被淘汰掉。

有些人顺的时候体现不出来，觉得自己没问题，一旦遇到困难或不如意的时候就体现出来了。我们能从李总身上感受到他内心的那种力量，对成长的渴望，对目标的渴望，所以他在面对困境的时候，知道怎样去面对。因为遇到的这些问题都是通往成功路上的一个阶段，换句话说，这也是突破的一个注脚。

李东升： 要做内心建设，如果内心都不建设的话，就像你要盖房子，连地基都不爱打，那怎么能成呢？创业者在路上肯定会遇到很多困境、很多挑战，有时心态会崩，这时怎么办？需要做心理建设，自我修复。我也在不断地成长，我们要看到明天还有光明，明天还有希望，明天会更好，甚至把时间拉伸到更长，一年两年，然后把目标拉伸得更远，眼下的事就只是小事了。

主持人： 永远都会遇到问题，但是要能把这个眼光拉长到明天，拉长到未来，这就像以终为始。就好比我们开车或骑自行车，当你发现前面有块石头，如何才能避开它？一定是看远一点，你才有机会去避开这个石头。如果你眼光很短，就盯着这个石头，那你一定会撞到。如果看远一点，早就看到这个石头了，你就可以完美地避开它，因为你看得远。

朱小明： 刚才李总说的心态我是能理解的，因为我自己开车的时候，就有这样的经验，如果只盯着眼前的那个石头，真的是很容易就撞上，远一点就不会。所以，创业的过程也是一样的道理，把自己的未来看得更远一点，看3年、看5年，那么当下发生的那些事就不叫事了。

这是自我心理建设中一个很重要的法则，也是一个绝招。在创业过程中，我们先把自己的目标给定出来，眼光就盯着我们的目标，当遇到眼前的事时，

想一想我的目标是什么？想达到的结果是什么？这样心态就很容易调整，面对问题时，解决就好。有问题是很自然的事，不过是成功路上遇到的一块绊脚石而已。

李东升： 就像我们团队中有很多的伙伴，有些伙伴理解不了，遇上事儿，他可能一上来就对你破口大骂，就很可能就会引发冲突。此时，你先要稳住自己的情绪。等他释放完情绪后，我们再想办法平复他的心情。你要想这个人如果能引进到我们团队的话，以后他会不会给我们带来一个很大的市场，如果你的答案是肯定的话，就要安抚好，帮他重塑信心信念。之后，他会崇拜你，他会觉得你这个人有维度、有高度、有能量，觉得你有胸怀，他才会真正认可你这个人。要是做好了，估计还能为团队做出很大的贡献，起到很大的作用。

你要知道，他的反应越大，越证明这个人对这件事情的重视程度，要不然他不会闹。

主持人： 我觉得李总看人看事的角度和格局果然不一样。很多人在遇到团队冲突的时候，就会活在情绪当中，针尖对麦芒，最后一拍两散。怎么化解对方给你带来的负能量，还有不让负面情绪影响到你的心情呢？很简单，李总给了我们一个方案，你想一想这件事就行了，这个人在未来三年如果能给你一个月多挣几万块钱的话，这点火、这点情绪对你就不算事儿，这就是把眼光放长远一点。所以，看李总对待这件事的时候，他看到的不是这个人本身，而是他背后的市场、长远的价值。这样一来格局、维度就不一样了。

所以，刚才李总这个故事讲得太好了，很多领导人会讲没有成长力、承受力差，但从现实来看，不是承受力差，是眼光太短。当你能够认识到这个人，他对我未来 3~5 年之后是价值百万的话，这点情绪算什么。

因为李总有两个判断：第一，他之所以有这么大负面的爆发力，是因为他在意了，只要在意了，那就花时间花精力去沟通去梳理，因为看到了价值所在，他反应越大，说明他越在乎；第二，为什么我能够承受他的负能量，因为我看得远。

在这个过程中，你有没有觉得让自己感到很自豪很骄傲的一些经历，能不能举个例子。

李东升： 有一个秦皇岛的小伙子，他选择了放弃，但是我们不断地与他沟通，从他的家庭情况入手，从他的需求和做男人的尊严角度，去唤醒他，再一步一步引入做事儿的行业发展、行业愿景，提高他的认知。因为人都是先看到之后才会行动，行动之后才能拿到结果，所以是从一个没有一点可能的情况下一点点引入，最后还做成了一个很大的业绩。在短短一年不到的时间里，看到他的成长，让我感觉特别自豪。因为我帮助了一个人，改变了他的人生。

朱小明： 李总为草根创业者指明了一个方向，先要有扶他人的心，然后再提升他的认知。去了解这个行业、去判断这个行业，增强他的信心，让他获得正确的认知，然后再在行动中去激励他，为他赋能。

本周自修页（焦点思维表格）

· 根据阅读心得，聚焦核心问题，专注思考。
· 要求填满每一个表格，不用考虑是否合理或严谨，可以替换调整顺序，可增加但不能减少。
· 长期坚持，发现任何问题至少有八个以上的解决思路。

1	2	3
8	我最大的收获是	4
7	6	5

1	2	3
8	我发现自己的差距是	4
7	6	5

1	2	3
8	我立刻应该采取的行动是	4
7	6	5

第 4 章

第 **12** 周

定得住才有力量

不管做任何事情都要定得住，心定得住才会有力量

主持人： 我特别感兴趣你是怎么让一个自暴自弃的人，重新站起来的，当时说了什么，做了什么，这个过程中有哪些关键点？

李东升： 当年，他也是一个草根创业者，干到半路就停下了，然后找了个媳妇，结完婚发现对方家里条件很好，但他想一个男人肯定要有自己事业的，这关乎一个男人的尊严，所以咱们可以先了解他的痛点、他的心理需求，然后再去一点点地引导和沟通。

主持人： 就是增强他自立的信心。因为结婚之后，他有一点躺平的感觉。但你找到了他作为一个男人的尊严这个点，去抓他的心，沟通从心开始。

李东升： 沟通中我们只表达我们的想法，别人怎么想是别人的权利，但是我们表达时要站到他的立场，然后再去沟通。其实就是换位思考，站在他的角度想问题，所以他很容易被触动到，慢慢地就开始对他起效果了。

主持人： 你会发现一个优秀的创业者，他不仅是一个事业上的创业者，还是一个心理咨询师，是让他人的能力和认知思维提升的一个导师。

李东升： 还有一个案例。河南一个小伙子当年因为感情问题崩溃到想跳楼。当天下午，我们聊了差不多三四个小时，就是聊他的感受、聊他的恐惧、聊他每天都在做的噩梦。我说你好好地出去走一走，也许会发现就是自己的格

局太小了。最终，他走出来了。当然，后面还会有一次次的沟通，他也参与了我们的创业项目，做得也不错。

主持人： 这是一件大好事。你先扭转了他的观念，让他能走出来，这就是一种做事的风格。其实，要把一个人的心扶起来，是一件很不容易的事。

李东升： 确实非常难。要真心换真心，站在他的角度去帮他分析，然后告诉他应当怎么去做。

他愿意敞开心扉跟我聊，能够感受到他也想走出来，只是不知道该如何做罢了，我们帮他引导一下就显得很有效果了。

主持人： 李总不仅在个人事业上不断地突破，而且在社会角色里也在不断地突破，从一个创业者转到了心灵导师。能把一些自己在创业过程中学到的感悟分享出去，从而挽救一些人，同时也让他能够自强自立起来。

突破自我是一个长远的目标，同时我们能够站在别人的角度，让别人起来，提升他的认知，再给他赋能，一步步成长，咱们草根创业者的成长公式就有了。

朱小明： 在李总身上能感受到他作为一个创业者在面对困难、面对挫折时的那种心境，他的思维方式带给我们很大的启发，是非常具有借鉴意义的。

所以，我觉得草根创业者要看到我们身上的价值和能量，包括我们未来能达到的不同层次和境界。

最后，请李总送给草根创业朋友一句话吧。

李东升： 我送大家的一句话是，不管做任何事情都要定得住，心定得住才有力量；有恒心、有韧性才能够真正走得长远。

创业点评：有恒心、有韧性才能够真正走得长远

1. 李东升的成功并非偶然，他的思维模式和工作方法都值得借鉴。他对销售的热爱和执着、对自我提升的追求以及对业务深入理解的能力，都是他成功的重要因素。

2. 李东升坦诚地分享了他在创业过程中遇到的心理障碍，比如对自身形象的担忧，以及在与他人沟通时的恐惧和困扰。这些诚实的分享使他的角色更具人性化，也使他的成功更具可信度。我认为，对这些心理挑战的识别和克服同样重要，甚至比掌握技术和策略更为关键，因为创业往往也是一场心理战。

3. 渐进式拓展目标市场：在创业初期选择与自己相似维度的客户进行接触，以避免被对方看低。这种渐进的拓展方式是明智的，因为它允许创业者在熟悉的领域和圈子中积累经验和信心。随着能力的提升和圈子的扩大，创业者可以逐渐挑战更高维度的客户群体。这种渐进式的拓展有助于保持匹配度和适应性，并为进一步发展打下坚实的基础。

4. 自信心和匹配度的重要性：强调了自信心和匹配度对创业成功的关键作用。匹配度涉及认知、思维维度、知识结构和心理能量的匹配，而自信心则是匹配度的结果之一。当创业者能够与客户建立舒适的关系时，自信心和说服力会增强，有助于达成交易。因此，创业者应该寻找适合自己的舒适圈层，并在这个圈层中不断提升自己，以便逐步拓展到更高级别的客户群体。

5. 眼光放长远，超越短期困难：在创业过程中，遇到困难和不公平是难以避免的。通过远见和远大的目标，创业者能够超越眼前的问题和负面情绪，以积极的心态看到问题背后的长远价值和潜在市场，能够帮助创业者克服挫折，为自己和团队找到解决问题的动力和方向。

6. 以长远价值为导向处理团队冲突：团队冲突是创业过程中常见的挑战之一。将眼光放长远的重要性，尤其在处理团队冲突时。李东升提供了一个方

法，即从长远的角度思考团队成员的潜在市场和价值。通过沟通、梳理和重塑信心，能够有效解决团队中的负面情绪，并让团队成员认可和信任自己。这种长远导向的处理方式能够在团队冲突中保持冷静，并找到最佳的解决方案。

7. 突破自我和成就他人：在创业过程中，李东升展现了突破自我和成就他人的追求。他不仅关注自身的财富和成功，更重要的是将创业的魅力体现在帮助他人成长和改变命运上。通过将创业分为不同层级，从追求财富自由到追求精神自由，他强调了成就他人的过程带来的更高层次的满足感。这种成就他人的价值观也是草根创业者所追求的一部分，通过帮助他人实现内心的强大和自立，创业者能够在渡人的过程中实现自身的成长。

本周自修页（焦点思维表格）

· 根据阅读心得，聚焦核心问题，专注思考。

· 要求填满每一个表格，不用考虑是否合理或严谨，可以替换调整顺序，可增加但不能减少。

· 长期坚持，会发现任何问题至少有八个以上的解决思路。

1	2	3
8	我最大的收获是	4
7	6	5

1	2	3
8	我发现自己的差距是	4
7	6	5

1	2	3
8	我立刻应该采取的行动是	4
7	6	5

第 **5** 章

❦

· 你卖的其实不是产品，是你给客户创造的价值。

· 不带任何怀疑去做事的人，这个事情肯定能成。

· 创业者应该不断地让自己快速经历更多的事情。

❦

第 5 章

第 **13** 周

不卖产品，只创造价值

<<< 人物故事 >>>

罗胜斌

创业初期，我们一行人在山东潍坊租了一个很普通的房子，房子外面的草地，草比人高，蚊子大得吓人。后来，我们在山东发展起来比较顺畅，一年时间我们发展了近万人，这是大家共同努力取得的结果。从那时开始，我明白了团队的重要性。

我的座右铭：优秀不是我们的目标，卓越才是我们的追求。

你卖的不是产品，而是给客户创造的价值

罗胜斌： 我从 18 岁开始创业，20 多年了。做过的生意很多，卖过辣椒，做过厨师，最后在北京雅宝路与亲戚一起做服装生意挣了些钱，也在创业过程中经历了各种起起落落。

2016 年 10 月，我接触到了支付行业。我这个人做任何事都能吃苦，而且做事不马虎，会用尽全力去干，至于这个事能不能干成从来不考虑，但是只要是我自己认定的事儿，我肯定会花很多时间、精力去做，通常情况下，我不会轻易放弃。

2013 年，于总就开始干支付行业了，我是她的一个客户。2016 年 10 月，我看她朋友圈发了一个信息：不用坐班、不用打卡、底薪 5 000 元起。当时，我眼睛一亮，就让我媳妇去看一下。我媳妇下午 5 点左右拎了一袋子 POS 机回来了，我说你不是上班么，怎么拿回来这么多 POS 机？她说这个也能赚钱，比我们卖衣服更赚钱，只要免费往外送就行，送一个就有钱拿。

我问媳妇，花钱了吗？她说，肯定花钱了啊，不是说上班就给 5 000 元吗？但是得推广了才有钱。我想拿了机器不能砸手里啊，就厚着脸皮挨个儿问。没想到，问一个装一个，一下子就装了十几个，装完还可以免费再去拿一兜回来。但是，你装的这些要让对方用起来，用了才给钱，那还要继续干。后来，公司开始有培训了，陆总每周日开招商会，先是我媳妇去听了，然后我也去听。在培训中，老师全面地介绍了支付业务的推广流程：

1. 拓展客户；

2. 了解客户需求；

3. 突出产品的优势；

4. 提供专业的售后服务；

5. 给客户提供实际的案例；

6. 与客户建立长期的合作关系；

7. 灵活运用不同的销售技巧。

我觉得讲课的这个人讲得很实在，觉得他对自己整个人生的规划都很清晰，还有就是这个市场确实足够大。送到上百个的时候，交易量是真大啊！于是，我从那时候开始跟着公司干起了 POS 机业务。

销售的经历也很有意思。这么多年来，我在生意场上经历过很多事。所以，于我而言，当销售是轻而易举的事情，甚至感觉还有点大材小用。有一次，我进了一家花店。因为我之前也卖过花，所以我大概知道老板是从哪里进的货、成本是多少、现在的行情如何，老板诧异于我怎么知道那么多。我说我做外贸很多年了。他问我来干啥，我就顺势问他用 POS 机不。他就把自己在用的拿给我看，我一看就说你现在这个用的不行。我和他介绍了一个大概以及它能为他产生的价值，可能他觉得我这个人比较靠谱，同时也觉得产品不错，就选择了我的产品。后来，花店老板还成了我的好朋友。

在带团队这件事情，你要有威信，要表现出你的能力，这样才能让下面的人信服。有一次，到济南一个建材城推销产品。我们一起去了二十几个人，结果，一会儿人就出来了，说这个地方不行，要换个地方推销。我说，这么大一个市场，怎么可能没人要呢？于是，我让他们在外面先等着，我进去推销，要记住：销售首先要有足够的信心，对自己百分百信任。我刚进去的时候，老板以为我是客户，便让我随便看看，聊着聊着，我们就聊到了信用卡的一些问题，我便向他推荐我们的 POS 机。他看我聊得挺专业，人也还挺诚恳的，就选择继续听下去，最终他二话不说就要了一台。团队里的人一看，瞬间来了信心。最终，在那个市场里一共装了 50 台机器。

除了要认可这个行业，我们还要拥有帮人的心态。跟客户沟通，你要让对方看到你们的产品能为对方解决哪些痛点，让他们清楚自己可以得到哪些价值。在你去做事的时候，是全神贯注的，愿意去付出、去拿结果、去赋能、去创造价值，他们就会完全信任你。

我只要把产品介绍好，用不用就是你的问题，跟我没有任何关系。这时你魅力是最大的，成交也是最快的。

朱小明： 所以你卖的其实不是产品，不是 POS 机，是你给他们创造的价值。从某种意义上，其实是你自己显现出来的一种自信，就是放心，是让对方感到很放心。

罗胜斌： 带了那么多年团队，所有的创业者其实都一样，这个人能成或者不能成，核心理念是什么？他永远没有怀疑过自己做的这件事情，而是尽自己的全力在做这件事情。这种没有任何怀疑去做事情的人，肯定能成事。同样，做这个事情没有成功的原因是什么？思想复杂，想要的东西太多，他没有百分百相信这个事儿。投入没有别人多，那你做的东西也就比别人少。比如，你 24 小时想的都是这件事情，天天都想着，你跟他聊的时候，这个人也会相信你，愿意跟随你，为什么有人招商招不进来人，原因在哪儿？你花了多少时间在里面？很多时候说一个人很牛，就是他花的时间比你多而已，就这么简单。

没有任何怀疑去做事的人，肯定能成事

朱小明： 一个人想成点事，确实要具备毅力，其实毅力来自哪里？来自你要百分百相信你正在做的事，你才会有毅力去坚持。有毅力的人，遇到挫折还是会往前走；没有毅力的，他遇到挫折就怀疑自己，结果就在怀疑之中没了。把自己怀疑成自卑，没有信念，没有信心了。

朱小明： 如果给后面的创业伙伴提一些建议，或者说让他们能避免少走几个坑的话，你觉得他们需要避什么坑？

罗胜斌： 我就觉得没有什么必要去想这个坑的问题，有时间还不如直面现实、挫折，不断地去找更多的问题。你能够解决多少问题，你就能赚到多少钱，人生中必须要记着一点，你要想比别人过得更富有，前提是你要比别人更能吃苦。

很多时候一些创业者干不好的原因就是他没想过吃苦，来了就想挣钱，就想投机。他没有长远的眼光，一个人如果不能在一个行业里有 1~3 年的沉淀，怎么能够了解一个行业。如果你不了解，怎么能做好呢？所以，如果你想干好你的事情，必须要有长远的眼光。

主持人： 我明白你要表达的意思，关于坑的问题，有两个意思：第一个意思是，每个人生命中有些坑是必须要掉进去的，不会因为我告诉你了你就能避免；第二个意思就是，当你掉进坑里，爬出来继续往前走就好了，别停留在那个坑里去怀疑这个怀疑那个。所谓的成长也是一个不断掉坑、跨坑的过程，这个坑是一定存在的，对每个人来讲可能是不一样的，因为每个人的性格、认知是不一样的，每个人都会有坑。只要我们懂得面对、懂得跨过去，就可以成长了，这是非常有力量的。

那么，你会给创业下一个什么样的定义？

罗胜斌： 人生苦短，但是人生必须让自己精彩。那你如何精彩呢？不断

地磨炼自己，不断地去尝试，最终你会通过这些经历、这些过程给你累积出来的智慧，成就你。不需要想太多，你只要活着就要动，动了就有机会。

主持人： 对于刚刚步入创业中来的人不需要想过多，想干就去干，因为人活着肯定要往前走。没有尝试过失败，怎么知道什么是成功？没有吃过苦，怎么知道尝甜。创业，可以让你尝尽生命中的酸甜苦辣咸，还能让你活出生命中的精彩。

罗胜斌用自己的理解诠释了销售的真相，即我们不是在推销产品，而是在帮助客户创造价值。

我们不是在让客户花钱买，而是在帮助客户如何省钱、赚钱。

本周自修页（焦点思维表格）

· 根据阅读心得，聚焦核心问题，专注思考。
· 要求填满每一个表格，不用考虑是否合理或严谨，可以替换调整顺序，可增加但不能减少。
· 长期坚持，会发现任何问题至少有八个以上的解决思路。

1	2	3
8	我最大的收获是	4
7	6	5

1	2	3
8	我发现自己的差距是	4
7	6	5

1	2	3
8	我立刻应该采取的行动是	4
7	6	5

第 5 章

第 14 周

让自己快速经历更多

创业者应该不断地让自己快速经历更多的事情

主持人：前几天有一个伙伴问我，为什么他两年前特别有动力、有能量，一年多之后，突然发现自己没有能量了，感觉干不动了。从某种意义上来说，每个人可能做完一件事情的时候，都会进入一个低谷期，或者叫疲劳期。那么，你在创业的过程中有没有体验过低谷期、疲劳期。

罗胜斌：产生这种问题的人说明他经历得太少，或者是他从小就在一个优越的环境中长大，内心有疲倦感。我为什么能够一如既往，不管做任何事情都能够自己去解决问题，因为我从不依靠任何一个人，我相信我自己能干成很多事。这种自信从何而来？是从小环境当中来的。

很多人的智慧不是开发出来的，而是成长出来的。怎么成长？经历很多的事，然后需要自己悟。很多人说要学习，学习知识、学习营销话术，但很多事情是课本上不会教的，或是别人的经历无法让你深刻体会或感同身受的。所以，我们很多时候是必须要亲身经历，去感受、去体会、去成长。

有个人从回老家到现在，中间那一段时间感到瓶颈期了，怎么给他灌输思想也没用，但是他跟着我来北京后，就像换了一个人。自身没有自驱力的人，那他必须要有一个环境，或者有一个领导人能够天天影响他，自然而然地他就找到感觉，他的自驱力就生发出来了。

主持人： 你觉得什么样的人适合创业，什么样的人不适合创业，有没有一个标准？

罗胜斌： 确实有标准。从小就有很强的意念想改变命运，想出人头地的人，他们经历过苦难、挫折、被人欺负，所以往往更能吃苦耐劳，更想达成目标。因为他们没有选择，只能奋发图强。对于企业而言，这种力量是巨大的，也是最重要的支持。

反而是那些温顺的、平常心的人更适合做上班族。因为他们对于金钱没有那么大的渴求，目标感也不强烈、只想平平淡淡过好这一生。

人生就是一场经历，我觉得这句话就是给我写的。你想要自己更有发展的话，那你就去创造更多的经历就行了，如果你想平淡一点，那你就少折腾一点。没有好坏，也没有对错，每个人追求不一样罢了。

主持人： 有一句话是这么说的：转机往往是在一个人的苦难中发生，也就是说苦难其实蕴含着转机。

罗胜斌： 所以人这一辈子没有错与对，只有好与更好。不管是好还是不好，只要懂得开悟，你经历过的挫折、苦难都将让你变得更强大、更有能力、更圆满。

其实，创业这个事情，就是不断地让自己快速经历更多的事情、更多的挫折。在最短的时间、最小的年龄，把所有的苦吃尽吃完，后半生就会给你带来源源不断的财富，美好生活自然而然就会生长出来。这就是所谓的年轻的资本。因为年轻，所有情况的发生都是有转机的，都有无限可能。

创业点评：创业就是要不断创造价值

1. 毅力和对自身能力的信任：罗胜斌在创业过程中展现了持久的毅力和对自己能力的坚定信任。他愿意付出努力、投入时间和精力，即使面临困难和起伏，也不轻易放弃。他相信只要全力以赴，就有可能成功。创业者需要有足够的毅力和对自身能力的自信，相信自己的决策和行动能够带来积极的结果。

2. 价值创造和自信展示：罗胜斌强调了创业者应该注重创造价值而不仅仅是销售产品。他通过与客户的沟通和推广，展示出自己的专业知识和诚实可信的形象，以赢得客户的信任。他认为创业者要有自信，让客户感到安心。通过专业、诚实和有价值的表现，创业者可以赢得客户的支持和忠诚。

3. 毅力和时间投入的重要性：朱小明说成功的关键之一是创业者对事情的投入和花费的时间。他指出，那些没有成功的创业者思想复杂，想要的东西太多，没有全身心地投入。相比之下，那些成功的创业者对自己的事业投入了更多的时间和精力，全身心地致力于实现目标。创业者需要保持专注、持续投入，并相信通过时间和努力，他们最终能够取得成功。

4. 探索与成长：罗胜斌提到创业是一个不断尝试和成长的过程。他强调要有长远的眼光，并建议多向行业内有丰富经验的人进行学习和跟随。通过在一个行业里的沉淀和掌握，才能真正了解，进而取得成功。创业者要不断探索、承受挫折，并解决问题，这样才能积累经验和智慧，为自己的成长铺平道路。

5. 自信与勇气：罗胜斌强调创业者需要拥有自信和勇气，相信自己有能力克服困难并取得成功。他认为那些从困境中出来的人更适合创业，因为他们有梦想和改变命运的渴望。创业者需要有决心和动力，选择创业并接受挑战，对于他们来说，创业失败是一种正常情况，而不是影响他们继续努力的障碍。

6. 心态与开悟：讨论中强调了创业者需要保持平淡心态和开放的观念。平平淡淡的心态只会带来平平淡淡的结果，而真正有动力的人即使遇到低谷也能反弹起来。创业者需要接受苦难，并将其视为转机和成长的机会。对于人生中的困难和挑战，创业者应该保持开悟的心态，以积极的态度面对，将其视为人生的经历和财富积累的机会。

本周自修页（焦点思维表格）

· 根据阅读心得，聚焦核心问题，专注思考。

· 要求填满每一个表格，不用考虑是否合理或严谨，可以替换调整顺序，可增加但不能减少。

· 长期坚持，会发现任何问题至少有八个以上的解决思路。

1	2	3
8	我最大的收获是	4
7	6	5

1	2	3
8	我发现自己的差距是	4
7	6	5

1	2	3
8	我立刻应该采取的行动是	4
7	6	5

第 **6** 章

·草根创业在轻资产这个角度上更能发挥价值。

·推销就是找个人聊天，顺便把生意给做了。

·创业是磨炼一个人最好的过程，也是获得财富的最佳通道。

·创业成功 = 简单的事交给行动 + 把成功交给时间。

·如果决定创业，请拿出 300% 的勤奋度去做，这是最快速的成长

  方式。

·投入了才会专注去做一件事情，这样责任和压力也都有了。

·创业就是不断遇到问题，不断解决问题的过程。

·人生是一个实现自我预言的过程。

第 6 章

第 15 周

推销就是聊天

<<< 人物故事 >>>

马英秋　　　　　　马英秋　陈少军

2010~2016 年，进京创业做传统行业（饭店）老板；2017 年至今，金融支付玖红企业平台合伙人。

我 2017 年从一名背包客开始，一家家地做地推，到 2018 年开始组建团队运营至今。以合伙人身份成为喔刷、鑫伙伴双平台百万年薪获得者。

草根创业在轻资产这个角度上更能发挥价值

主持人： 草根创业逆袭人生，能看到不同的创业形式，有单打独斗的，也有兄弟姐妹齐上阵的。今天这个组合也很厉害，夫妻共同创业。夫妻一起创业可以优势互补，不过也容易产生矛盾。有专家说，创业时夫妻不要在一起，有了矛盾不好协调，会担心夫妻俩一起创业，万一不行的话，是不是最后事业没了，夫妻情分也没了。

我们也见过很多夫妻一起创业成功的，这次请来的嘉宾就是一对夫妻，他们有什么秘诀吗？现在，我们来认识一下马英秋和她的爱人陈少军。

陈总一看就是温文尔雅的感觉，家里边应该是马总做主吧。从两位的风格和气质上就看得出来是互补的性格。听说你俩一直在一起创业，请两位给大家讲一讲。

马英秋： 我俩是 2010 年来北京的。之前，他在糖酒公司做法律顾问，我在照相馆做着色师。下岗后，我们在老家开个饭店，生意还算不错。孩子出国念书后，我就和他说去北京开饭店吧！从老家到北京创业，主要源于一个想法，就是孩子从国外回来时，第一站就能见到我们，到家就能吃口热饭。

2010 年，我们初二到北京，初六就把三环的房子定下来了。考察了一段时间饭店后，虽然他觉得有点风险，但我还是去交了房租。交完钱之后就开始装修，还给他买了一辆车。虽然还没开业就花了 70 万元，但因为我们夫妻俩勤快肯干，慢慢地，客流量也大了起来。很快我们就把本钱挣回来了。我们这一干就干了 7 年。

孩子 2015 年毕业时说，要不就在北京买套房子吧！于是，我们就开始看房子，给孩子定了一套，后来我们也定了一套。后来，饭店的生意没有以前好了，我们合计就把饭店转出去了。2016 年末，朋友介绍我们进入玖红企业。当时，于总接待了我俩，她简单介绍了一下公司的情况以及产品的情况。我觉得还不错，我俩就开始做——先购进了 10 台 POS 机。

我决定自己装一台，结果没成功。我只好回公司请教老师，还是没学会。于是，我回去问我儿子，终于给弄懂了，学明白之后，我很快就把这 10 台机器卖出去并安装完成了。于总一看，就问你这个月能不能再卖 30 台？我说可以试一试。那个月，我又卖了 50 台。第二个月，我又卖了 100 台。

于总建议我带队，我问啥叫带队？她说，带几个人一起干。我说，行。她给我介绍了七八个人，我们一开始从北京到天津，之后到河北，我们一家家地介绍产品，越战越勇。后来，我带的人从七八个人发展到四十多个人。这个过程也给了我很大的信心。我团队的销售额曾一度做到了全国冠军，从那时开始，我对这个行业信心十足，我知道我的付出开始有收获了。

主持人： 我们能感受到马总在讲她创业经历的时候，眼睛里是有光的，整个人是很兴奋的状态，这很难得。一个人选一个创业项目创业，能如此兴奋，这种兴奋度会充分调动一个人的能量。

她觉得越做越好是有原因的，因为她特别热爱这件事，能感受到做这件事带给她的那种希望和信心。看得出来，马总属于比较有热情的，陈老师是属于比较理性的，所以，你俩会在一些问题上产生矛盾，就像刚才提到饭店选址的时候，陈老师觉得那个地方不适合开饭店，有点冒险，但马总二话不说就把钱交了。当时是基于什么做的这个选择？想听听陈总当时是怎么想的。

陈少军： 当时，我们大致的方向是一致的，因为在十字路口选址做商业，尤其是开饭店选址，在大路边明显位置应该没问题。但是当时客流量不多的原因我们也不知道，后来才知道那一片都是部队的房子，所以才没那么多游客。结果我们一开，连着几家都开了，生意也变得好起来了。

在老家开饭店我们当地一碗面 4 元钱，我们家卖 2.5 元，是一碗一碗卖出来的，这个钱给我们创造了点固定资产。到北京后也确实辛苦，有时我们到凌晨 3：30 才能回家睡觉，因为顾客不走你就得盯着。最多睡半个小时，你又得开门营业了，因为有的客人 5：00 要看升旗仪式，吃早点的时间就会很早。

主持人： 这些经历给我们草根创业者一个很重要的提示，有人认为创业就得做实体店。针对草根创业，在创业时选择轻资产可能更能发挥你的价值，背负的压力也会更小一些。

朱小明： 两位都是 53 岁之后重新出发再创业的，这样一个年龄创业有什么挑战吗？

马英秋： 我们觉得没有太大的挑战，我俩并没有把自己定格在某个年龄段。我自己感觉，我不输任何一个年轻人，对于开过饭店的人而言，这点苦对我们来讲不值一提。

推销就是找个人聊天，顺便把生意给做了

主持人： 我们也很关心，在夫妻创业过程当中也会遇到一些彼此认知不一样的时候，有没有这种情况？有没有矛盾？

陈少军： 好像没有太多的矛盾，因为大方向都是一样的。而且以前开饭店，马总就能应对各种各样的情况，接触各种各样的人。出去扫街时，针对的都是一些小老板，跟吃饭的顾客相比，会轻松很多。

主持人： 二位分工明确，具体业务上的事都是马总来完成，因为从开饭店那一刻起，她就在不断地跟人打交道，顺便把生意给做了。陈总注重的一直是大方向。大方向没变就没问题了，你发挥你的优势，我发挥我的优势，我保驾护航，只管做好后勤。

大多数夫妻创业之所以有矛盾冲突，重点不是在事上，而是在对错上。好像你非得听我的才叫对的，听你的对了也是错的，争夺的是这种控制权。马总和陈总二人很有智慧，没有活在一个小我的情绪当中。这一点值得很多创业夫妻借鉴，以结果为导向，谁能用结果来证明就听谁的，谁能发挥出自己的优势就听谁的。不过，创业过程当中肯定也是充满了挑战，遇到一些难缠的客户，或者说一些不太配合的小伙伴，遇到时，你们是怎么处理的？

陈少军： 她可有经验了，超过半年不配合的都能拿下。

主持人： 我能感受到马总在带领团队做事业的过程中，很愿意深入地去了解每一个人，走进每一个人的世界里，只有这样才能很好地把准脉，而不是站在局外发号施令。在这个过程中，她跟伙伴的沟通是很深入的，对人的把握也是非常精准。马总，你能不能介绍一些识人、用人的经验和技巧。

马英秋： 个人认为团队还是要找偏向一些能过日子的人。不想过日子的人欲望非常大，很多东西是散的，意志力和各方面都不行。还有就是要选价值观、人生观比较正的，这样的人成功的概率要高一些。那时候带地推的时候，

好多小孩能力特别强，但是他们想马上拿到结果、不知足，这很难走远，因为任何事情都是必须先有沉淀才能拿到最后结果的。

主持人： 在你创业过程中，有没有马总和陈总一块配合做得比较好的一些事或印象比较深的一些事？

陈少军： 有一回我们去天津，到修车的地方，和修车的老板聊了起来。后来，我问他用 POS 机吗，他说用，一个月刷好几十万。我说，我是做 POS 机的，要不给他再装一个，他说那行。我顺嘴说了一句，让他有机会就帮我推荐一下。结果，他真给我们推荐了好几个人。

主持人： 在聊天的时候把生意给做了，你会发现它发生得特别平和、自然，对很多人来讲，销售是一件有挑战的事，但是陈总和马总现在已经做到了一个很生活化、常态化的状态。

马英秋： 确实如此。比如去深圳，给人讲课，在深圳打了 5 次车，我就给 4 台出租车安装了产品，我们还互加了微信。

主持人： 经历了太多风雨的人，跟人在一起的时候，自然而然就很容易跟别人共情，让别人能接受，感觉不用设防，亲切自然，信任感就都出来了。可以看到包括陈总，在介绍和安装产品的过程之前，先跟你聊加油，在大家比较熟了之后，自然地切换到你是不是装产品了。

这个过程中带给人家的除了亲和力之外，就是产品和你的专业度。另外看得出来，陈总和马总也是互相支持、配合默契的。如果你把销售看成一件特别严肃的事，就会有压力，可能你做起来就会有距离感；如果你认为这是一件很轻松的事，就是朋友之间聊聊天，大家互通有无就会变得很自然。

本周自修页（焦点思维表格）

· 根据阅读心得，聚焦核心问题，专注思考。
· 要求填满每一个表格，不用考虑是否合理或严谨，可以替换调整顺序，可增加但不能减少。
· 长期坚持，会发现任何问题至少有八个以上的解决思路。

1	2	3
8	我最大的收获是	4
7	6	5

1	2	3
8	我发现自己的差距是	4
7	6	5

1	2	3
8	我立刻应该采取的行动是	4
7	6	5

第 6 章

第 **16** 周

创业成功公式

创业是磨炼一个人最好的过程，也是获得财富的最佳通道

主持人： 下面想问一下二位是怎么看待创业这件事的？

陈少军： 个人认为创业首先要合法，创业能给我们带来美好的生活，能开创并能实现我们的人生价值。

主持人： 马总认为创业像什么？能不能做一个比喻。

马英秋： 我认为，创业是磨炼一个人最好的过程，磨炼一个人的成长，而且也是我们获得财富的一个最佳途径。不管是做金融、做餐饮，都是获得财富的一个通道，也是让自己变得更加美好的一个通道。因为当老板负的责任就多，无形中就要成长，很多事情你要自己去担当，实际上也是在雕琢自己。

陈少军： 我们俩的意见基本是一样的。

主持人： 共同的认知和价值观，目标一致，共同走就行了。马总和陈总，在磨合的过程中默契走过了几十年，潜移默化，就形成了一种状态。听陈总说，马总很有智慧，您能不能举个例子详细说一说。

陈少军： 她把我们家管得很好，也把孩子教育得非常成功。其实，这很不容易。我们开饭店，每天有一大堆事。除此之外，她还得照顾家庭、照顾孩子，真是需要很大的智慧。

马英秋： 因为我上学的时候我是数理化全校尖子生，所以孩子的学习肯

定是第一位的，要给他营造一个好的环境，让他养成好的习惯。

主持人： 马总的边界感是很明确的，做什么事情都要有边界感，比如说我选了一个创业项目，首先要合法，先界定清楚，有个边界。我的孩子要培养好，有个边界，把他的环境给限定出来。他们夫妻俩之间也是一样，也是有一个界限感，这样就规避很多的矛盾冲突以及内耗。

你看他们之间彼此欣赏的感觉让很多人羡慕。这种感觉是什么？是发自内心的一份认同、一份欣赏。所以，夫妻俩要一起创业走得远，前提是彼此欣赏。在这个基础上，很多矛盾是可以调和的。因为你欣赏他，你就会信任他。有信任，就不会顾虑这事行不行，对他也不会有很多其他想法，也就没有内耗了，只要一起使劲把这事做好就行了。对我们很多创业朋友来讲很重要的一个提示和启发，就是能够形成合力，合力形成了就变成一个核武器了，而且可以互相激发，互相感染，从而释放出更多的能量，而且配合默契，我觉得这个事业自然而然就成功了。

创业成功＝简单的事交给行动＋把成功交给时间

主持人：请给草根创业的朋友们一句忠告吧！

马英秋：一定要相信自己能成功，这是基石，然后拼命去干，时间是最宝贵的，一定要抓住时机一气呵成。相信，相信的力量。

陈少军：很多人做事以为简单的事做得太多了，实际是简单的事做得太少了，把简单的事交给行动，把成功交给时间。

主持人：大道至简，另外一个实际上所谓的成功就是把简单的事情重复做，然后就不简单了。把简单的事付诸行动，把成功交给时间。

创业点评：夫妻共同创业要多一些理解与合作

1. 夫妻共同创业的优势互补和挑战：马总和陈总在性格和专业领域上有所区别，这对他们的创业起到了积极的影响。马总热情洋溢，充满信心和希望，而陈总则更加理性和专业。这种不同的特质可以互补，使得创业过程更加全面且稳定。然而，夫妻一起创业也容易产生矛盾和冲突，特别是在每天朝夕相处时。因此，夫妻创业者需要保持沟通和协调，学会处理冲突，并确保事业发展不会对夫妻关系产生负面影响。

2. 创业动力和热情的重要性：马总的创业动力和热情可以看出是他们成功的重要因素之一。他们在老家开饭店后有了一定的积累，但对于他们来说，创业并不只是为了赚钱，而是希望在北京追求更好的生活和事业的发展机会。他们对新行业的好奇和学习能力使得他们能够适应金融支付行业，并对其充满信心。这种积极的创业态度和激情可以激发创业者的能量和创造力，推动他们在竞争激烈的市场中取得成功。

3. 学习和适应能力的重要性：创业者需要不断学习和适应新的环境和行业。他们进入金融支付行业，愿意从零开始学习，找寻机会并试错。马总甚至向家人和朋友请教，通过不断学习和实践，他们逐渐掌握了行业知识和技能，并取得了初步的成功。这种学习和适应能力是创业者必备的素质，尤其在快速变化和竞争激烈的商业环境中，不断学习和适应才能保持竞争力。

4. 年龄对创业的影响：尽管马总和陈总在 53 岁之后重新开始创业，但他们并没有感到年龄带来的挑战。他们始终保持积极乐观的心态，认为自己与年轻人并无太大差别，不将自己局限在某个年龄段。这种积极的心态和开放的思维有助于他们面对挑战和困难，并在创业过程中保持动力和激情。

5. 沟通、理解和合作的重要性：马总和陈总在夫妻创业过程中展现了良好的沟通、理解和合作能力。他们分工明确，各自发挥优势，并且保持了大方向的一致性。他们通过深入了解每一个人，积极与伙伴沟通，建立了良好的人际关系和信任。这种沟通和合作的方式使得他们能够更好地把握团队的方向和目标，并最终取得了傲人的业绩。

6.跟人建立共情和信任：马总展现了与他人建立共情和信任的能力。她能够以一种亲切自然的方式与他人交流，让对方感到放松和信任。这种能力是马总多年经验和成熟度的结果，经历了很多风雨，从中学会了与人相处并建立联系。这种能力对于创业者来说非常重要，能够有效地推动业务发展和建立良好的人际关系。

7.创业的意义和价值观：陈总和马总在创业的意义和价值观上有相似的认知。他们认为创业是一个能够磨炼个人、成长和实现人生价值的过程。他们将创业看作是获得财富和实现自身美好的途径。这种共同的认知和价值观使得他们能够在创业过程中相互支持和配合，达到共同的目标。

本周自修页（焦点思维表格）

· 根据阅读心得，聚焦核心问题，专注思考。
· 要求填满每一个表格，不用考虑是否合理或严谨，可以替换调整顺序，可增加但不能减少。
· 长期坚持，会发现任何问题至少有八个以上的解决思路。

1	2	3
8	我最大的收获是	4
7	6	5

1	2	3
8	我发现自己的差距是	4
7	6	5

1	2	3
8	我立刻应该采取的行动是	4
7	6	5

第 6 章

第 **17** 周

用 300% 的勤奋度做事

<<< 人物故事 >>>

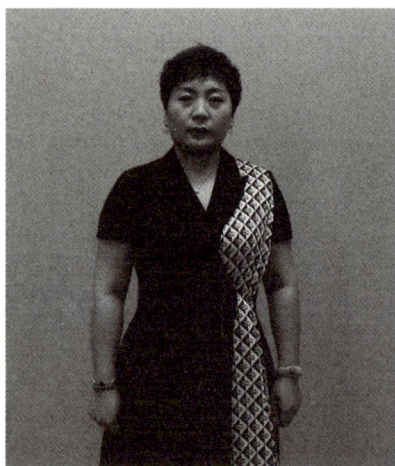

李鑫

牛镇周

先后从事过各种行业，如教育、女装批发、贷款公司、支付行业。

从 2014 年开始创业。

座右铭：人生是一个自我预言实现的过程。

拿出 300% 的勤奋度去创业，这是最快速的成长方式

主持人： 通过与朱老师和这些朋友们的分享和交流，我对草根创业成功也越来越有信心。这次又请来两位朋友一起来分享。他们也是一对夫妻，两个人一起创业。但是，他们的身份很特别：牛总之前是一名医生，后来跨界到金融行业；李总一直有一颗要打破常规的不安分的心。接下来，我们一起来聆听他们在创业路上的一些发现，以及在创业路上对创业的认知，也许我们就会找到很多有意思的地方。相信他们的成长、创业经历，一定会给同样拥有想创业的人一个非常好的引领作用。牛总，医生应该是一个比较稳定的职业，你为什么会选择去创业呢？

牛镇周： 当时，我从一份固定的工作中跨出这一步确实挺难，纠结了半年时间，不知道出去能做啥。巧合的是，一个做服装的朋友生意还不错。于是，我和我爱人就也开了一家服装店。

主持人： 夫妻俩一起创业，当时肯定是经过了一个挺激烈的思想斗争吧？放下一个铁饭碗，要去创业还是很有挑战的，毕竟创业充满了不确定性。教师是一个稳定的工作，您怎么也选择下海创业了？

李鑫： 我大学毕业以后一直在学校上班，三分钟就能算出来这辈子能赚多少钱，能拿到什么样的结果。看到有朋友创业取得了不错的结果，就想着自己也尝试一下，之后家里发生了一些变故，更加坚定了我创业的决心。

因为我母亲得了重病，连续两三年都在医院，开支很大。死工资根本就支撑不了这个费用，也算是被逼无奈。

那两三年，我感觉自己就是这个世界上最不幸的人。所以，只要有机会，我愿意拿出 300% 的努力去争取、去创造。

主持人： 创业的过程不会一帆风顺，特别是从原来比较稳定的职业中走出来。

李鑫： 做服装还可以，开始是一家店，之后开到两家店，因为经验不足，第二家店的位置没有选好，经营了几个月就关门了。由于家庭负担较重，服装店一年挣的钱也不够家庭支出。2016 年 6 月，我开始正式进入金融行业，赶上了行业的红利期。在没有认识玖红的时候，我们在金融贷款行业年收入也超过百万了，在河北邯郸市算是收入较高的，号称"金融一姐"。

主持人： 他们在选择做一件事情的时候有个特点，做服装店的时候很快就拿到了结果，决定做金融行业的时候也很快拿到了结果。我特别想了解你这么快就能拿到结果的背后是什么，做对了什么？因为别人会觉得创业是很具挑战性的一件事，而且是很困难的一件事，怎么在您这一块就感觉那么轻松了呢？

李鑫： 第一就是选择，当我决定去做一件事的时候，我会给自己定一个目标。2018 年 8 月加入玖红的时候，我给自己定了一个目标，三个月内在玖红这个平台做一个亿的交易流水，三年的时间必须达成年薪 500 万元，结果两年半我就达到了。刚加入玖红的第三天，我有幸参加了朱老师的百万年薪课程。它给了我极大的创业动力和启发。

以前做服装也好，做金融贷款也好，都是我们夫妻两个人在经营，也没有现在 7 万人的团队。夫妻俩 2016 年的时候负债 59 万元，日子过得还是比较窘迫的，会有一点灰暗的感觉。

主持人： 那一段过程中间是有什么转折吗？

李鑫： 从服装行业转到金融贷款行业，是因为当时我们的资金太紧张了。后来，我们想通过朋友、中介来贷款，却要支付高额的手续费。对方说如果可以给他们介绍客户，就可以少收一点手续费。那个时候刚流行微商，我们通过发朋友圈发现了好多顾客，就开始做这个事了。

我们不会轻易下一个决定，但当我们做了一个决定的时候就不会再怀疑。比如，我们加入玖红 5 年了，对于这个平台从来没有怀疑过，而且我们也比其他代理商更愿意付出。比如，别人可能用两年时间做两亿或者五亿，我们一年就做到了。

　　主持人： 在工作过程中除了很努力很拼命外，你有没有什么做法或方法是跟别人不一样的？

　　李鑫： 我觉得我抗干扰能力很强。只要我瞄准一个目标，我就会排除掉一切障碍，直到实现目标为止。

　　主持人： 两个核心：一是可以拿出 300% 的努力来做这件事情；二是抗干扰能力强，可以屏蔽其他杂音，专注做一件事情。对草根创业来讲，这两点非常关键。

　　如果你决定创业了，能拿出 300% 的勤奋度去做，这是最快的成长方式，别人用三年搞定的事情，你一年就能搞定。别人熟悉这个产品、行业知识可能要三个月，你一个月就够了，在速度上拼。还有就是专注，很多人确实在创业过程中就是被干扰给弄死的。创业时，要懂得清除一切干扰。除了这两条之外，能够更快地拿到结果还有什么原因或法宝吗？

当你全情投入时，你才会专注去做事

牛镇周： 我的感受就是对未来没有恐惧，更能豁得出去。有一种背水一战的感觉。全情投入了，你才会专注做事，而且这样责任和压力也都有了。

主持人： 我发现，很多人知道这条路是对的，不能全情投入的原因大多是他对未来有恐惧。因为未来是不确定的，而创业的过程恰恰就是要把不确定的东西确定下来，要敢于去承受，以防万一全身心投入之后没拿到自己想要的结果。

牛镇周： 确实做重大决策时要有破釜沉舟的勇气。失败了，大不了再回到原行业。一旦下定决心去做，我们肯定会全情投入，全力以赴去做好。

主持人： 不给自己留退路，这一点一般人是做不到的。李总是怎么理解全力以赴的？

李鑫： 就是300%的努力。我第一次来玖红，就进了1 000台货，第二次又来北京进了5 000台货，第三次来进了1万台货，我们发展的速度很快，三个月做了1.47亿的流水，一年做了6.9亿的流水。其实做到第六个月的时候，我们已经达成百万年薪了。

朱小明： 据我对玖红平台的了解，能在短短6个月内就做到百万年薪的，到目前为止，应该是仅此一家。很多人花了一年半甚至两年以上的积累才达到。这可能跟之前打的基础有关系，你们的做法中有没有什么可供借鉴的？

李鑫： 我们之前做过贷款，可能积累了一些经验，也积累了一些客户资源，可能有一定的帮助。但也不全是，那时候做贷款，积累的那一批中介和徒弟，并不看好我们做支付行业的，而且还有不少人会在边上说些风言风语。甚至那个时候客户的资源能用一些，但是代理商的资源几乎用不上。持怀疑态度的人，在看到你出结果的时候就会主动过来找你了。

主持人： 所以有的时候确实像朱老师提到的，要拿结果来说话。有些人看到结果才会相信；你们真的是因为相信了，所以才拿到了结果。刚才讲到你们全情投入，可以做到屏蔽干扰，全力以赴，并快速出结果，是因为你们认定一定会出结果，是吗？你们在内心当中是确认了是吗？

李鑫：我感觉 99% 以上都是相信的。

主持人：正因为相信，所以推动了你们可以 300% 投入，是吧？

李鑫：如果说做一件事，连我们自己都不相信，那你就不可能有力量和能量。当你完全相信的时候，别人也会感觉到你的力量和能量，同时也给你加持。

主持人：你当初是如何做到相信的？

李鑫：我听了于总给我讲的三个故事：肖邦、李东升和她自己的故事。我觉得他们都能成功，我应该也可以。

主持人：所以你在看到别人的故事之后，就相信自己也能成。

李鑫：我对比了一下，其实还是挺有自信的，而且我能豁得出去。

朱小明：有时候我们也面对很多创业的草根朋友，他们除了自己，什么资源都没有。所以，他们一定要研究自己在做的事情，全情投入在做的事情中去，也就是屏蔽掉杂音，专注于自己所做的事情，你就能做成功。创业难不难？肯定难。创业简单不简单？从二位身上来看，只要做好三件事，创业其实也很简单。

本周自修页（焦点思维表格）

· 根据阅读心得，聚焦核心问题，专注思考。

· 要求填满每一个表格，不用考虑是否合理或严谨，可以替换调整顺序，可增加但不能减少。

· 长期坚持，会发现任何问题至少有八个以上的解决思路。

1	2	3
8	我最大的收获是	4
7	6	5

1	2	3
8	我发现自己的差距是	4
7	6	5

1	2	3
8	我立刻应该采取的行动是	4
7	6	5

第 6 章

第 **18** 周

创业实现自我预言

创业就是不断遇到问题、不断解决问题的过程

主持人： 二位除了是创业合作伙伴，还是夫妻，我们想问问二位是怎么处理事业和家庭的关系的？毕竟两位一看都是事业型的，也都很专注、很投入。

牛镇周： 孩子现在是由我们的父母帮着照看。近两年，我们才有一定的时间回去陪孩子、父母。创业初期，我俩忙得根本没时间回去。

主持人： 那李总平时怎么平衡朋友间的关系呢？

李鑫： 其实我感觉我的生活就是工作，我的工作就是生活，对于朋友、同学等的生活圈，我已经将其纳入我的事业圈，可以说我的生活和事业已经完全融为一体了。

主持人： 这句话我们是不是可以理解为你的同学聚会、朋友聚会，都能促成成交，或让朋友同学跟着你一起创业。他们或是你的客户，或是你的合作伙伴。从李总和牛总的角度看，可以把同学、朋友、邻居、亲戚，看成是自己的目标客户，看成是自己的伙伴。最终将自己的事业、社会交往、家庭和亲情的管理融为一体。

朱小明： 我跟那些创业伙伴分享的时候，讲过一个理论："什么叫平衡？"生活、父母、孩子与事业之间的关系，不能拿同一个时空来平衡，不能说这一个礼拜我要把三天时间全分给孩子，三天时间分给事业，剩下一天时

间给父母。而应该把时空线拉长一点来平衡。比如说我用 15 年时间，前 5 年要全力以赴投入我的事业，奠定事业的基础。这 5 年可能是我的父母要付出更多，他们要帮我照顾孩子，可能会忽视多一点，但是当 5 年后我的事业基本有成的时候，我的时间也会更多，也会更从容了，这时我会有更多的时间来平衡，可以陪孩子更多的时间了，父母也可以有更多的照顾了。

在现实中，廉价的陪伴是没有意义的。这句话听起来可能不是特别舒服，但说的是事实。我们经常给团队宣导的也是高效陪伴、有质量的陪伴。

主持人：再问一个比较尖锐的问题，毕竟是夫妻创业，两口子之间难免会有一些观念上的不同。当你们遇到冲突时，是怎么处理的？这也会给我们很多夫妻共同创业的草根伙伴一些启示。

牛镇周：这个问题我来回答。大多数情况下，都是我在包容她，因为这样可以避免争吵。

李鑫：一般我比较善于抉择，比较爱折腾，比如他有一个想法，我觉得不错，我就去做即使可能是错的，我也想去尝试一下。我是超强的行动派，遇事不纠结，先干了再说。这几年我可能运气比较好，还挺顺，我想做的事都做成了。

主持人：用结果来验证了你的决策是对的，就会更加坚定你对自己决策能力的肯定。两位有没有一起配合完成一件让自己骄傲的事？

李鑫：我俩刚起步的时候，公司也不太完善，我主要负责在外地谈市场，他帮我把招进来的代理商维护好、服务好、培养好。我们有着明确的分工。

主持人：等于李总是在外打前锋，去拿目标拿结果打市场，牛总做好客户维护。双方形成一个很好的互补，在能力上相互匹配，起到了 1+1>3 的效果。如果两个人配合不到位的话，别说出结果了，肯定直接被内耗死。我想问二位，创业对于你们来讲像什么或者是什么，你们是如何理解创业的？

李鑫：我感觉创业就是一个不断去解决很多问题的过程，出现问题，然后不断解决问题。

人生是自我预言实现的过程

主持人： 李总说出了创业的真相。确实，创业过程中，你肯定会遇到很多没遇到过的问题，去面对它，同时发挥团队、夫妻的优势去解决它。

刚才李总说创业跟生活实际上是密不可分的，所以也许创业是一种最好的生活方式，或者说创业和生活实际上就是一体两面。那么对于夫妻创业，尤其是草根创业夫妻，二位会给他们一些什么建议呢？

牛镇周： 我个人觉得因为夫妻之间相互会比较了解，了解对方的个性、优缺点等，所以在创业的过程中，这就是一个很好的优势，你知道该如何尊重对方、包容对方、支持对方，去更好地相互成就、相互成长，那么创业过程中 95% 的问题就能轻松解决。

主持人： 两个人在一起创业，信任很重要。正因为信任，才能一同面对问题，一同解决问题。二位是如何做到互相信任的呢？

李鑫： 信任就是当我做出决策的时候，不管成与不成、对还是错，先选择相信我做的决策是对的，能为我们的公司或者是能为我们的家庭带来更好的未来。他就不会去做评判，不会阻拦，而是顺着我去做，让我能最大化地发挥我的优势。自从创业以来，光环都在我身上，很多人认识我，觉得我挺厉害的。但我内心深知这个结果是属于我们两个人的。我们彼此支持，彼此信任，也做到了彼此成就。

主持人： 能听得出来，李总这句话是发自肺腑的，虽然光环都在我身上，但我心里很清楚是包含有另一半的荣誉的。最后，请两位送给我们草根创业者和朋友们一句话。

牛镇周： 我的座右铭是，人生没有过不去的坎，创业也是如此，但是人生可能就是坎坎难过坎坎过。

主持人： 而且刚才提到了，创业就是一个不断遇到问题、解决问题的过程。

李鑫：我送给大家一句话，人生是自我预言实现的过程。在我 16 岁的时候定的目标是长大了要当一名教师，然后我就去读了师范大学，毕业后顺理成章成为一名人民教师；21 岁的时候，我的梦想又变了，我要成为一个女装店的老板，结果 24 岁的时候我就做到了；我的第三个梦想是成为一个女企业家，因为我只有自己成功的时候，才能真正改变自己家族的命运，让自己的家庭变得更加幸福，才有能力去帮助更多的人。在过去的 30 多年中，我每一个年龄段定的每一个目标都实现了，我也特别认可这一句话，而它也成了我的座右铭。只要我们一直有梦想，想要的东西一定会得到。

创业点评：跨界创业，果敢决策与迅速拿到成果都很重要

1. 勇于跨界和改变：牛总作为一名医生，选择跨界到金融行业，而李总一直渴望做一些与常规不同的事情。他们的决定展示了他们对改变和挑战的勇气，愿意冒险尝试新的领域和机会，这是在创业中非常重要的品质。

2. 目标设定和专注执行：牛总和李总在创业过程中给自己设定了明确的目标，并且专注地执行计划。他们注重快速获得结果，并愿意付出比常人更多的时间和努力。他们的决心和专注度使他们能够在相对较短的时间内取得较好的成果，并不断超越自己的目标。

3. 不留退路的果断决策：牛总提到了在做重大抉择时，他会采取不留退路的策略。这种果断决策的态度表明他对未来的恐惧较小，并且愿意承担风险和压力，全心全意地投入创业。这种心态有助于他在创业过程中保持专注，并推动自己更快地实现目标。

4. 以迅猛的速度获得结果：李总和牛总展示了以极高的效率和速度获得结果的能力。李总通过投入 300% 的努力和强大的抗干扰能力，在相对较短的时间内实现了自己的目标，并获得了高额收入。他们的快速成长和成功是由于他们专注于目标，勤奋努力，并不断突破自己的极限。

5. 时间和平衡的管理：朱小明老师提出了一个关于平衡的观点。他认为在事业和家庭之间寻求平衡并不是在同一时刻分配时间，而是通过更长期的时间跨度来平衡。他提出了将时间线拉长的概念，用一段时间全力以赴奠定事业基础，然后在事业稳定后，再将更多时间用于家庭和亲情。这种长期规划的平衡方法可以帮助创业者在事业和家庭之间取得更好的平衡。

6. 夫妻创业中的合作与包容：创业夫妻间难免会遇到观念和意见的不同，牛总提到了在决策和行动上的包容和妥协。他愿意包容李总的决策并愿意试一试，避免争吵和冲突。这种合作与包容的态度有助于维持夫妻创业团队的和

谐，提高工作效率，以便更好地实现共同的目标。

7. 信任和共同成就：信任是指在决策和行动时相互支持并相信对方的能力，即使不确定结果。欣赏是指看到对方的优点并允许其最大化发挥。李总强调了在夫妻创业中建立相互信任和欣赏的关系，认识到共同成就的价值。创业夫妻应该相互支持、相互信任，并共同分享创业过程中的荣誉和成就。

8. 创业是一个实现自己梦想的机会，一个人梦想有多大，舞台就有多大。梦想就是当我们面对挫折困难的时候，唯一让我们坚持下去的理由。

本周自修页（焦点思维表格）

· 根据阅读心得，聚焦核心问题，专注思考。

· 要求填满每一个表格，不用考虑是否合理或严谨，可以替换调整顺序，可增加但不能减少。

· 长期坚持，会发现任何问题至少有八个以上的解决思路。

1	2	3
8	我最大的收获是	4
7	6	5

1	2	3
8	我发现自己的差距是	4
7	6	5

1	2	3
8	我立刻应该采取的行动是	4
7	6	5

第 **7** 章

·抱团打天下，事情才能做大，在追求利润之前先去追求规模。

·选择团队合伙人的标准：人品好、抗压力强、业务能力要过关。

·人一辈子玩啥剩啥，创业也是如此。

·不管你跟多少人合作，有没有一个共同的目标很重要。

·创业最安全，因为你可以失败很多次。

·在遇到困难、挫折的时候，创业者要先问自己"10 年之后我在哪
  儿？"，眼前的问题就不算什么问题了。

·创业成功不仅是自己要上岸，还要帮助合作的草根创业者创业成功。

·所有的问题，第一通过时间能够解决，第二化解掉情绪之后能够解决。

·不要把工作、创业当成负担，它是一个享受的过程，是生活的一部分。

第 6 章

第 **19** 周

团队创业，合作共赢

<<< 人物故事 >>>

万鹏　岳鑫　王宾

2015 年，岳鑫裸辞创业，跟两位朋友一起创办贷款平台，用两年的时间做到沈阳头部。由于贷款行业下滑严重，于 2017 年离职加入支付行业，一年半的时间做到了不错的规模。2019 年 9 月加入玖红企业鑫伙伴平台，两年的时间成做出了不俗的业绩！

刚刚创业的时候，合伙人刚哥教会了我很多东西，让我从一个业务员变成老板。最难忘的事儿是支付生涯第一次创造的小奇迹，盯手机很久，我知道我终于入门了。当时很多人给我庆祝，这是我创业生涯的一个里程碑！

还有一次源自于陆总的一次电话，他非常坚定的说我们一定要合作一次，这是一种肯定，一种被需要。感觉自己这些年的努力没有白费，自己是有价值的。

岳鑫的座右铭：不好高骛远，不妄自菲薄！

王宾工作 17 年，未赚到过 100 万元，无房无车，却在 2017 年投资失败，赔了 170 万元，连本带息须还 220 万元。

2019 年 4 月 23 ~ 25 日，在北京举办的喔刷伙伴大型培训会上，王宾给上千人做演讲。

他的座右铭：读好书，交高人，见世面，脚踏实地做事。

万鹏在创业中通过不断的努力，取得了阶段性的成果，最骄傲的是用自己的努力成果送父母出国旅游，用一颗感恩的心回报自己的父母。这是一份不可推卸的责任，我们更应该勤奋上进，以优秀的成绩让父母放心。

万鹏的座右铭：我相信我看见的，我也一定会实现。

抱团打天下事情才能做大，在追求利润之前先去追求规模

主持人：草根创业时也需要团队，大家搭帮合伙有拍档，这样更有力量，而且可以互相鼓励，性格上也可以取长补短。我们访谈过姐妹、夫妻搭档创业者，在草根创业的群体中以合伙人形式创业，如同电影《中国合伙人》中以俞敏洪作为原型演绎了他创业时和团队之间的合作关系。在创业过程中，个中滋味其实也只有过来人才能够去体味。这次邀请的三位就是以核心团队的方式一起来创业的，他们是岳鑫、王宾、万鹏，三位年龄相仿，看得出来各自的性格应该不太一样。很好奇三位是怎么走到一起的，创业过程中遇到过哪些有趣的事情？假设有了冲突和问题是怎么去化解的？抱团打天下能够走这么久是靠什么力量维持的。我们先听岳总来分享一下他的创业故事吧。

岳鑫：我 2003 年高中毕业后去日本待了 9 年时间。回国后，在一家 500 强企业上了两年班。离职后，决定自己做点什么。最开始创业的时候就是抱团模式，与另外两个朋友一起做了一家小公司，两年多时间，做到了不小的规模，后期因为种种原因分开了。

偶然间，我遇到了王宾，然后开始一起做支付行业。后来发展到一定阶段后，我和他都遇到了一些瓶颈。万哥是通过王宾认识的，他俩之前是单位同事，我们在一起磨合了半年以上，合作也是由我发起。从最开始做事的逻辑，我就觉得抱团打天下事情才能做大，从一开始创业我就觉得一定要抱团。我们仨性格不同，但价值观一致，一些问题几乎不用探讨就能达成一致。我提出来的方案一般大家都同意，商讨一件事情加在一起不用超过 10 分钟，开始合作到现在 4 年多了，一直都合作得很愉快。

主持人：在创业的时候就先确定要有一个小团队，有团队才能做大事。这与你之前的认知、这些年的经历有关吗？

岳鑫：我觉得有一定的关系。包括我看过、接触过的很多老板，基本上

都是以合伙人的形式出现的。我在做生意之前也研究过一些公司，基本上是以股东的形式来合作，包括刚才提到的《中国合伙人》，我也认真看了，一个人会有一定的局限性，能力上也会有一定的短板。因为我是一个自信心爆棚的人，虽然我觉得我的能力可以但是也有短板，需要人帮助我去做一些事情。还有，一个企业家可辐射的范围一定是有限的。

选择团队合伙人的标准：人品好、抗压力强、业务能力过关

主持人： 第二个问题，刚才提到咱们这次合伙之前，实际上也有过与两个人一起合作过两年？所以你提到选择合伙人是要有标准和要求的，这个标准和要求是什么？

岳鑫： 第一人品要好，第二抗压能力必须强，第三是业务能力要过关。

主持人： 下面咱们来听听王宾的故事。

王宾： 我家庭出身一般，2006 年的时候有人对我说，要想改变命运，必须得创业。于是， 24 岁的我就开始做业务，最早是干家装卖橱柜，一个月能挣 1 000 多元钱。做了几年后，就换行了，其实只是换了产品而已。我认为销售最重要的产品其实就是卖自己。做了近 10 年的销售，当时没有财商概念，然后听了一堂所谓的财商课，有一句话是人一辈子玩啥剩啥，就这一句话让我开悟了。我做过服装，不做的时候就剩了一堆服装。

主持人： 最简单的一个道理，想要财富就做离财富最近的事。

王宾： 谈钱很俗，但谈钱很实际，毕竟那个时候是 2012 年，听这句话的时候我是 30 周岁，房无一处，地无一垄，连对象都没有。就在这个时候，我果断进入金融行业，在一个银行信用卡中心做信用卡推广，每天扫楼扫街扫铺。进入之后，一个月能有四五千元工资，后来感觉这个钱来得还是慢，我就去做了贷款业务。很多事的认识不是一蹴而就的，都是人生当中一路被点醒。在做了 4 年多的贷款后，我认识了岳鑫。第一次见面的时候，他刚跟他的两个合伙人和平分手。

但我被他的个人能力所折服，他第一次给我讲解要对接的产品的时候就拽出来白板，讲得非常有条理，逻辑性非常强。他的激情瞬间点燃了我要跟他合作的欲望。正因为有能力、有经验，我们俩第一个合作的项目就成了，赚得还很多，这是我整个职业生涯中第一次，也是最高的一个客单，所以我对他的能

力是非常认可的。

做了两个多月后，我找了万鹏。我们曾是同一家公司的门店经理，他是大连的门店经理，我是长春的门店经理。2018 年 3 月 30 日，我们三个人正式见面，并开始了合作，然后一路走到了今天。

万鹏：我跟岳总有点类似，我是大学毕业之后去了欧洲，在爱尔兰待了 6 年，2003 年去的，2009 年回来。开始是去上学，然后参加工作。在积累了一点财富后，我回国了。当时的我选择了创业。

一开始，我做的是传统行业，但是创业失败了，其实也没想到，因为刚从国外回来，也不知道国内的行情。当时就在想，不行就上班，可能创业这条路走不通。上班我也是进入金融行业。

后来跟王总说的一样，我们就认识了，从普通的一线人员慢慢做到了门店经理。2018 年 3 月份，王总就跟我说了这个事。刚开始我对这个事不太感兴趣，我是做管理的，再创业的话就要重新开始，当时我已经积累了一定的职位和稳定的收入，要放弃眼前的收益，冒险重新做一件事情，对我也是有冲击的，这个事我暂时不会考虑，王总就带着岳总来大连找我。

主持人：你们是吃了一顿饭，然后就改变了你的认知，是吗？

万鹏：当时，岳总和我说，这个事儿我们在做，你现在还没有做，半年之后如果你还不做，我们的收入差距会非常大，这句话对我有一定的触动。然后，王总力邀我一定要到沈阳去看看。到现场了解后，我知道这个事确实能做大，确实远远比我的认知要高很多，我的创业热情重新被点燃了。当时，我就做了一个重要的决定——辞职。这意味着我要重新投入精力，重新出发。我租了场地，开始在大连做。因为各方面人脉资源整合得不错，我的团队壮大了不少。但我发现仅凭我个人的能力，我不知道自己能走多远，当然我想到了岳总和王总。我觉得如果我们一起做，能把这个团队带得更远。结果，我们都想到一起去了，一切都很自然，我们也一直合作到现在。

不管你跟多少人合作，有没有一个共同的目标最重要

朱小明： 三位讲完他们合作的故事，带给我们很深的感触，几个人在一起要不要合作、能不能合作，有一个很重要的前提，就是大家是不是有共同的想法和愿景。三个人合在一块儿，把各自的优势都发挥出来，就能弥补彼此的短板，从而做大做强，这是很棒的一件事。

主持人： 看得出来，三位都非常优秀，而且各自有各自的经历和实力，我们是怎么去确定领导核心这个位置的？

王宾： 我先说说我为什么相中岳鑫为我们的领导核心，岳鑫的专业能力非常强，而且很有条理，对一件事情的理解能力、综合判断能力、执行力以及战略谋划力是最出色的。我们三个人的战略共识力非常强，而且能完美配合，所以我们确信这个事干成。岳总是当之无愧可以做我们的大脑的。

万鹏： 首先，他有整体架构思维，逻辑思维也不错。其次，他执行力强，岳总属于这个事他知道，讲给你听之后，如果不是所有人都理解了，他就会做给大家看。其实，我们是合伙人机制，但岳总不会用机制去约束人，更多的带动是他会走在所有人的前面。你看，第一能想对，第二能梳理明白，第三主动做给你们看，所以说他能吸引我们大家一起往前走。

主持人： 他能想明白，能给你们讲明白，还能做给你们看，更重要的还能干到位，是吧？这就形成了对他的推崇，也是发自内心的尊重。

王宾： 我们打心里认可岳总，觉得他的战略眼光是非常高的，然后我们也认可他带动的能力。我们之间好像有一种默契，当然我们遇到一些事情时，包括未来的发展方向等，可能会有不同的见解、不同的看法，甚至有小小的争论，我觉得这都是很正常的，但是我们好像从心里就有一种默契感。

当我们遇到争论的时候，无法解决问题的时候，我们都愿意去跟随岳总的战略眼光走，即使可能在走的过程中不那么顺利，但是我们会一起想办法去弥

补它完善它。

这几年，我回顾了一下我们的合作，我们从来没有为任何一件事去埋怨，不管出现什么结果，我们都认。不是说我们签过什么协议的，它是自动形成的一个核心。

主持人： 我觉得你们这种关系未来也会持续很久，因为这个团队是有默契的。

岳鑫： 我作为一个团队的老大，其实压力特别大，我得对大家负责任，有时候一想事情可能几天几夜都睡不着，其实我们来之前刚给他们开了个会。

他们两个是离我最近的人，跟我创业的人是奔着我来的，我要对所有人负责。他们两个首当其冲是我最应该负责的人，我必须让他们过上好的生活，所以我必须快速成长，必须拼命去学，拼命去看，拼命去做。我做的事，包括看一件事情，希望自己能看到发生的原因和本质，尽可能在我的认知范围之内看得更远，所以我会刻意去锻炼自己的思维逻辑。但我也不敢保证每件事我都能做对，所以很感谢他俩。不管对错，反正先干，错了再说，基本就是这样。

主持人： 在你们具体的合作过程中，有没有出现过一些争论？是如何处理的？当出现争执的时候，第一反应还是以核心为主吗？

岳鑫： 刚刚我们来之前，我们还在边研究边争执，通常我们的做法是把我们每个人的想法综合起来，然后提出一个更完善的版本，然后决定执行。没有什么事是我们过不去的。基本上，我们对一个问题的探讨方式是，我会先提出一个方向，提出一个方法，再出一个框架，然后不断往里填内容，就是方向一定要对。

主持人： 大方向先得对，框架也得对，剩下的再完善细节，不断迭代，因为有这样一个问题分析和解决问题的模式，就不会出现矛盾。在框架内、在方向范围内去出谋划策去分享，这种合作方式可以称为解决问题的一个典范了，因为真正的合作典范无非就两个方面：一是你们的优势能不能达到1+1+1>3，能不能把这些优势发挥出来；二是出现矛盾和冲突意见不一致的时候，有没有一个很好的处理机制。

朱小明：从某种意义上来说，这叫决策机制。你们的决策机制是否能够形成一个良性的东西？合作难点就是这个，其实我们观察过很多合作伙伴，在几个人合伙过程中出现的问题无非这两个：一是感觉不公平，一个人做，一个人不做，肯定会产生失衡发行量；二是决策机制出问题，谁都想当老大，最后谁说了也不算，结果就丢了，谁也不服谁。形成不了一个核心，三个人当中如果没有一个绝对的核心，这样团队的合作真的很难持续下去。

咱们面对很多草根创业的朋友，他们可能也想跟几位一样，形成一个核心团队。如果以团队形式创业的话，那么最需要优先考虑的是什么？

王宾：我觉得最重要的一件事，不管跟多少人合作，有没有一个共同的目标最重要。我们是一个企业，两个人合作也是一家企业，不管多大，企业往哪里走，有什么愿景，到底要干什么，要清楚，大家目标要一致。

主持人：经历过这么长时间的团队合作，问一个比较深刻的问题，你觉得团队合作过程当中最困难的是什么？或者我们遇到的最大的困难是什么？合伙人机制会遇到的最大的困难是什么？

岳鑫：我觉得最大的困难就是合伙人的思维必须要同频。有的时候确实很难找到这种同频，因为每个人的成长环境、受教育程度和性格影响，他们的思维维度是不一样的，所以有的时候我们需要找到同频的，有时候可能会遇到一点困难。明明我觉得这东西对我们都好，这么做是正确的，但是他的想法却不是这样，我们需要影响他的思维，这是一件挺耗费心力的事情。

主持人：但是咱们现在还有很多其他团队成员，你觉得找到同频的人或者说我们用同频的沟通方式，这是需要去注意的，是吗？

王宾：首先发生分歧的主要原因是沟通出现了问题。比如，现在我们三个人不管任何一个人提出一个思路，都是为了大家好，因为本身是利益共同体，他不理解我为什么这么说，他想知道我为什么想这么做，沟通就是要把这个事儿表达清楚。岳鑫一般在提出思路或者大方向的问题时，都是在深思熟虑之后才找到我俩一起来共同探讨，并且能够把这个事儿讲明白。所以，我们每次的沟通都很顺畅，能把事干成，更愿意去解决深层次的问题。

主持人： 为什么说这三位是一个非常好的合作典范，因为他们三个人的匹配度、互补性非常强，领导人本身的地位确定，具备了深层次思考问题的能力、把握全局的能力，在合伙团队当中一定需要一个这样的人。如果不具备这些能力，可能真的就走不下去了。一个人有这样的能力，然后其他两个人正好能辅助他做好工作。

朱小明： 最优秀的创业团队应当是像桃园三结义中的刘、关、张一样，有决策者、也要有能干的人，还得有一条方向正确的路。

王宾： 有明确的目标，有一个人带着我们一起往前走。他走得快，我和万总必须要跟上。我们越成长也越间接推动他的成长，就可以相互赋能、相互支持。目标非常明确，然后想要啥也非常清楚，所以我们知道一个根本核心，就是不能掉队，不允许成长太慢，不允许阻碍团队的发展。

创业最安全，因为你可以失败很多次

主持人： 请三位给我们的草根创业者朋友们各送上一句话。

岳鑫： 我觉得在创业之前，希望朋友们真正想好自己到底想不想要做好这件事情，这比任何事情都重要。如果你决定创业，你要知道你是一个老板，你到底有多大的梦想，一家公司最大的悲哀在于老板不做梦。我是一个大的梦想家，而且我愿意去实践。

对于未来的创业者来讲，我希望你搞清楚到底要不要，是依赖于别人还是自己真的想要。然后一定要跟对人，一定要找一个好老师，我们千万不要觉得自己可以，也千万不要在自己取得一点成绩的时候自大。因为人的发展是有瓶颈的，认知是有瓶颈的，永远不要忘记最开始的那份初心，永远要找最好的老师，跟最好的老师去学习，这一点非常重要。

主持人： 能感觉出来岳总凭什么能够带领这么优秀的团队去发展。他有一种上善若水的感觉，就是一种包容的胸怀，还有能够去很清晰指引出方向，让团队能够不断地发展。

王宾： 我觉得创业就是平凡人能改变命运的唯一出路。有人觉得创业是在冒险，其实创业最安全，因为生活中的很多问题都会在创业成功之后迎刃而解。

主持人： 创业其实是最安全的，这个认知，真是我们经历过一路磕碰之后才能理解这句话的真谛。

万鹏： 创业拥有无限的可能。在当下的中国，现阶段创业是一个普通人改变自己命运最好的方法。我就希望创业者既然决定了做这件事情，一定要有韧性，一定要坚持住，结果可大可小，只要你坚持住都会有结果。

创业点评：打造优秀团队，永远是创业者的核心能力

1. 合作伙伴选择的标准：选择合作伙伴时的标准和要求。他们认为合作伙伴的品德、抗压能力和业务能力是关键因素。这些标准是明智的，因为良好的品德可以建立信任和稳定的合作关系，强大的抗压能力可以应对困难和挫折，而过硬的业务能力可以为创业项目的成功提供支持。

2. 个人能力和合作价值：创业者描述了他们各自的个人经历和能力，以及如何通过合作实现共同目标。他们认识到个人能力的局限性，因此寻找合作伙伴来弥补自己的短板。这种理解表明他们意识到团队合作可以扩大影响力和实现更大的事业。此外，他们强调合作伙伴的价值观一致性，这对于团队的和谐和共同目标的实现非常重要。

3. 领导核心和团队合作：在一个合作团队中，特别是在做决策的时候，确定领导核心至关重要。岳鑫作为发起人和核心人物，在战略眼光、组织能力和执行力方面表现出色。团队成员对他的决策能力和领导能力表示尊重和信任，并愿意共同追随他的战略眼光。

4. 解决问题的深度和核心原因：岳鑫强调解决问题时注重深层次和本质性的思考。他努力锻炼自己的思维逻辑，希望能够看到问题发生的原因和本质，并解决问题的根本，以避免类似问题再次发生。这种思维方式对于创业过程中的问题解决和持续改进非常重要。

5. 合作决策机制的重要性：团队合作中决策机制的良好运作至关重要。通过形成一个合理的决策机制，可以避免出现不平衡感和权力斗争，确保决策过程的高效和团队的稳定。团队成员需要以核心为主，并在框架内共同探讨和决策问题，以实现良好的合作。

6. 寻找同频思维和沟通方式：团队合作中的一个困难是确保合作伙伴的思维在同一频率上。不同的成长环境、教育背景和个性特点可能导致思维维度的

差异。在合作中，需要耗费一定的心力来影响合作伙伴的思维。因此，寻找思维上的共鸣和采用同频的沟通方式是需要注意的。

7. 沟通和共识力的重要性：团队合作中，沟通和共识力是解决分歧和冲突的关键因素。良好的沟通能力可以使团队成员之间理解和接受彼此的观点，促进合作和决策的顺利进行。同时，共识力能够帮助团队形成共同的目标和方向，加强团队的凝聚力和合作力。

8. 创业的勇气和韧性：创业是一个充满挑战和风险的过程，但也是一个改变命运的机会。创业者需要有勇气和韧性，坚持不懈地追求目标，即使面临失败或困难，也能够坚持下去。创业的结果可能大小不一，但只要坚持下去，就有可能取得成功。

本周自修页（焦点思维表格）

· 根据阅读心得，聚焦核心问题，专注思考。
· 要求填满每一个表格，不用考虑是否合理或严谨，可以替换调整顺序，可增加但不能减少。
· 长期坚持，会发现任何问题至少有八个以上的解决思路。

1	2	3
8	我最大的收获是	4
7	6	5

1	2	3
8	我发现自己的差距是	4
7	6	5

1	2	3
8	我立刻应该采取的行动是	4
7	6	5

第 7 章

第 **20** 周

解决问题的万能公式

<<<　人物故事　>>>

赵刘杨

　　我给自己买了最喜欢的奢侈品保时捷帕拉梅拉，每个男人都有心中的梦想，但梦想的实现是需要勇气的，即使有钱有能力的老板在面对生活时也会选择理性等待。我这辈子又勇敢了一次，突破了一次，放纵了一次，我觉得值了。

　　创业的过程中最骄傲的是，共同创建了玖红企业，并且到今天一直还在，每一个关键会议活动成长节点我都在，我内心坚定从容，从不怀疑徘徊，没有什么能跟一群懂你、喜欢你、信任你的兄弟，在一起生活、创业、成长、拿结果更酷更好玩的事了。

我的座右铭：记录时间，培养习惯，塑造性格，改变一生，你终将遇见最好的自己。

🏃 在遇到困难时多问自己"10 年之后我在哪儿"

朱小明：这是一位很容易让人记住的创业管理者，年纪轻轻就已经成为创业团队的带头人。从赵刘杨身上可以看到与他年龄并不相符的成熟与稳重，有一种遇事有静气、云淡风轻的感觉，在另外的场景中也能看到他超越自我的一面，有足够的气场和带动团队的爆发力。我们可以把这种张弛有度的管理风格总结为"太极管理"，值得每一位草根创业团队管理者学习。

赵刘杨：我的名字是由三个姓氏组成的，我父亲姓赵，我母亲姓杨，那刘是谁的姓？刘是我继父的姓。在我 2 岁的时候，我亲生父亲出车祸去世了。到我 7 岁刚上学的时候，我有了继父，我妈说一起生活一辈子，以后要对你付出，改个名叫赵刘杨吧。当时，我也不懂，然后就叫到了今天。现在回想起来，我妈是有智慧的，这个名字让我在做销售能被人快速记住，并留下印象。

主持人：有一个能让人轻松记住的名字，对创业来说确实还挺重要的。其实这个挺重要的，从市场竞争的角度来讲，你做同样一件事，好多人都在攻一个客户，想在客户心中留下了一个深刻的印象，有时候不太容易，但对赵总来说就有了先天优势，直接就让人记住了。但他创业成功，或者说他能够走进更多人的心里去，不仅仅是因为他名字的特殊性，更是因为他有自己独特的认知，还有他的经历以及对创业的看法，还有他所经历的每一件事情，为所有的创业伙伴去做的那些事情。创业成功不仅自己要上岸要成功，还要去帮助那些合作的草根创业者去成功，他真正能够走进更多人心里的东西，是他带给那些人的价值所呈现出来的。

赵刘杨：我也是实实在在的草根，是草根里面的草根，长在山上的那种草根。小时候在山里长大，小学、初中、高中一路也没有特别突出，小时候我就想着要努力读书赚钱，一直想着能做点事，能够自立自强。母亲希望我能好好考个大学，但我当时特调皮，也没好好读，只混了一个文凭。毕业之后第一件事不是找工作，而是想着赚钱。我父母都是下岗职工，做点小生意，在市场上摆摊，小时候耳濡目染接触了不少创业摆摊的人和事。之后出来创业，凭着吃苦耐劳的精神我赚了点钱。

但是，因为年轻，经验不足，2010 年的时候我亏掉了所有的积蓄。2011 年，我来到北京上了两年班。2013 年，我觉得还是要创业，然后就碰到了支付行业。从 2013 年入行，然后一直做到今天。

在这个行业里，我一来就不想走，因为第一选择不多，第二觉得挺快乐的，因为和这些伙伴们在一起能够看到结果，然后能够互相支持，帮助更多的人创业，其实也在支持自己创业，让大家变得更好。

创业不仅是自己要上岸，还要帮助合作伙伴成功

主持人： 给别人支持，给别人能量，也是给自己的一种滋养。从赵刘杨身上，我们能感受到他是一个很乐观的人。他能够快乐地做事情，同时又能把这种快乐、信心、希望传递出去，让身边的人也能感受到这种能量。

赵刘杨： 快乐其实特别简单。大家觉得今天有点结果，就吃顿好的，一起看个电影、打会儿游戏。我喜欢大家在一起的感觉。

主持人： 创业肯定是需要人、需要团队，因为人多力量大。尤其是草根刚开始创业的时候，需要带头人的影响，人人都要融入、人带动人，而这恰恰是赵总最乐意做的一件事，就是他愿意跟大家在一起，然后大家呈现出一种向心力。

赵刘杨： 确实，大家共同去承担一些问题或者分析问题，集思广益、出谋划策，这样不仅能让大家心往一处想，力往一处使，还能让我的压力也小一些。

朱小明： 有一次，我们去桂林团建，去了刘三姐的景区，当时是带上千个成员一起去的。跳舞的时候，赵总是第一个冲出去的，然后伙伴们就一起跟着冲了上去。那一刻，让人印象深刻。就是一个人，成为一个引领者，然后和大家融为一体，那种感觉很神奇。这个时刻能看到赵总的光彩，那种带动的能力，包括他的价值。同时，他也传递出一个信息，我愿意跟你们在一起。我想这一点应该也是作为草根创业者们需要去考虑的一点，创造一种归属感。而且你要融入团队，同时你要想办法成为团队中的引领者，那么你成功的概率就会大很多。

主持人： 领导者成为团队的一员，这是一个很好的路径。当然，创业过程中免不了遇到挑战或者比较痛苦的事，那时你是怎么去调整的？

赵刘杨： 细想想，我还真没有什么特别让自己难过痛苦的事，因为我本身就比较乐观，觉得这都是创业过程中应该会发生的事。

主持人： 很多正常人认为的大困难、大挑战，赵总为什么能接受？因为赵总认为发生这个事是正常的。当你认为很大的困难，对他来说是正常的、应该发生的事情时，它就成为他正常承受能力范围之内的事情了。

那在创业过程当中，有没有让你觉得特别自豪的一件事？

赵刘杨： 我觉得自己就是一个普通人，发自内心觉得自豪的是到今天有了一点结果，在这个行业里也取得了一些成绩。

这个行业变化很快，被淘汰的也不少，但我们依旧在，我们没有离开，还能活得挺好的，这是我觉得自豪和骄傲的一点。

主持人： 我们发现赵总总是云淡风轻，也很乐观。但这背后一定经历过不少困难。

就像星球是圆的，是经过各种碰撞、打磨而成的，我觉得从管理、创业的发展角度来看，经历过一些磨难对创业伙伴来讲是很重要的。

赵刘杨： 在创业这条路上我们会遇到很多挑战。面对挑战时，你的心境、认知、状态决定了你还有没有明天，还能不能活到明天。对于创业者来讲，要时常问自己这个问题：当遇到困难、遇到挫折的时候，十年之后我在哪儿？我能不能拿到一个结果？其实当你这么去感受的时候，其实就会发现当下的困难挑战只不过是应该发生的一件事而已。如果能够看到十年之后还在这儿，那你就能够很自然地去面对，这就是一个格局的提升。

主持人： 前段时间看到一句话，"创业就是一场修行"，在你身上就体现出来了，修到一定程度、一定阶段了。每个阶段打通关似的慢慢打，在修行的过程中肯定有和风细雨，也会有暴风骤雨，关键是遇到的时候你怎么去处理。

本周自修页（焦点思维表格）

· 根据阅读心得，聚焦核心问题，专注思考。

· 要求填满每一个表格，不用考虑是否合理或严谨，可以替换调整顺序，可增加但不能减少。

· 长期坚持，会发现任何问题至少有八个以上的解决思路。

1	2	3
8	我最大的收获是	4
7	6	5

1	2	3
8	我发现自己的差距是	4
7	6	5

1	2	3
8	我立刻应该采取的行动是	4
7	6	5

第 7 章

第 **21** 周

享受创业，逆袭人生

所有的问题，第一可通过时间来解决，第二可化解掉情绪之后解决

赵刘杨：不是说遇到过，而是基本上每天在面对这些事。做事其实是做人，因为通过人才能成事。做人其实就是在不断盘人的关系，关系是最累的，也是最复杂的。我这些年的感觉是什么？就是当所有的东西过来的时候，第一时间先让它停下来，然后慢慢地让它静下来，先弱化，之后再一点点地去解开这样一个过程。因为我发现所有的问题，第一可通过时间解决，第二可化解掉相关人员的情绪之后解决。

主持人：这是一个太极的方法，以柔克刚对吧？

赵刘杨：没错，背后体现的就是这种太极文化。无论有多急的事儿，你先要让自己静下来，控制好自己的情绪，然后再客观冷静地去面对它。比如，客户利益受到损失了，他气愤地打电话过来时，别着急，你先等一等。在电话里面我们可以先了解一些信息：这件事情是什么情况？是什么原因引起的？是谁的责任和问题？了解之后，我们约一个时间，要么通电话，要么见面，缓冲地带就有了。其实，他在反馈他的问题时，也是一个倾诉、冷静的过程，你会发现对方好像变得没有那么生气了。创业还要继续，所以我们要一起真诚地面对、承担，解决创业路上遇到的各种问题。

　　主持人：赵总刚才说的关键词是面对、不逃避。作为一个公司创始人来讲，他要面对所有人，会从自己的角度把问题抛过来，把矛盾引到你这里来，这时赵总的态度是，先要勇敢地去面对这个事情。所有问题来的时候，你只要不逃避，这个问题就已经解决了 50%。

　　只要让对方感觉到你在乎他，情绪感就消化掉了一大部分，之后再让对方感受到我们的态度和解决方案。因为我们要一起长久地走下去。

　　主持人：有时候解决问题的时候，不要急，放一放，这是一个艺术，也能看得出来我们在分析、解决问题的时候应该关注一些问题外的关键点。我能够感觉得出来，赵总在面对他的团队和合作伙伴的时候，在管理过程中遇到各种问题的时候，大多是用这种圆柔的、太极的方法来处理的。

　　赵刘杨：这个方法确实很有效。当然，我也很享受跟团队在一起的感觉，我们一起努力，一起玩。

工作、创业不是负担，它是一个享受的过程，是生活的一部分

主持人： 不把工作、创业当成负担，而是一个享受的过程，也是生活的一部分。把自己融入团队中去，把自己交出去。这是很有借鉴意义的，草根本身比较敏感，特别需要安全感、归属感。作为创业伙伴，作为领导者，如果一直保持比较远的距离的话，是很难产生向心力的。只有把自己融进去，用自己的真心换大家的真心，这样才会找到团队的归属感，才会形成一种合力。

与赵总的交流时间不长，但是学到了很多，从你身上能够透露出来一种超越年龄的成熟感。

创业确实是一场修炼，能够让人修到一个更高的境界，再去看待人、事时，是不一样的。

另外，从赵总身上的改变能看得出来，作为草根创业者，我们去面对很多事情的时候，要站在对方的角度去考虑问题，要发挥团队的力量，要融入团队中去，然后跟团队共同成长，借助团队的力量，自己也能够成人达己。

赵总在成全他人的过程中，帮助更多人去创业成功，但是面对草根创业者时，你有心，但他未必能领你这个情。不见得是他不好，而是他的格局、能力、心态，可能都是在最底层趴着，在引领他们的过程当中感觉最困难的是什么？最有挑战的是什么？

赵刘杨： 我觉得最困难、最有挑战的就是思想上的引领，认知很难改变。真的让他走到前面的时候就要有一个叫自我认知和自我定位，需要有自我负责任的心态，太多的伙伴们可能就是在这个过程中，他们想要的东西并不明确，对自我认知的现状也不清晰，能力分析也不清晰。这就要不断地去跟他梳理，之后带起来就特别累。

主持人： 有时候你会发现越是草根，所谓的自尊心就越强，那种执拗表达就更强烈，自我保护意识或者是怕被别人看不起。所以，在创业过程中你要

提升你的思维和认知，调整你的心态。还要放下很多所谓的自尊，它不是真的剥夺自尊，是要放下所谓的面子，这对他们是有挑战的。有没有一些好的方法和建议，遇到这种情况能跨过去的。

赵刘杨：我跨过来是因为听了朱小明老师的课——《草根创业智慧》，就卸下了盔甲，把西服放下了，也愿意跟伙伴们在一起唱歌跳舞。如果你想塑造自己的人设，想继续让自己学习成长，想让大家觉得挺厉害，就要活出真我。因为之前可能老是觉得自己要树立一个形象，得端着点，后来发现不行，听了朱老师的课之后，我觉得要跟大家在一起。

确实这个过程对自我的挑战也挺大，我已经拿了 N 个百万年薪，面对一群想创业，想改变还不舍得放下可怜的自尊，还不想提升认知的人，最后一般人确实是很难再落地的。已经穿上皮鞋上岸了，你让我再把皮鞋脱掉，重新把脚插到泥里去，这个过程其实也是一个修炼的过程。

主持人：这种太极思维给我们很多启发，值得大家去认真学习。对于广大草根创业者，想要逆袭人生，你有什么忠告和建议吗？

赵刘杨：创业的终极目的是获得结果、自由、尊严和成长。我们要奋斗，未来可期，大业必成。

朱小明：对于草根创业者，创业本身是有压力和挑战的。同时，我们必须要认清一点，创业其实是有风险的，但创业本身也是生命中一个重要的过程，甚至是作为草根改变人生轨迹的一次最大的机遇，当然，转机也可能是又一次交学费的过程。

但从另外一个角度去想，创业也可以是一种享受，一种生活方式的选择。因为一个重要的事实就是我们创业所经历的每一天其实就是我们生命中的每一天，这一天我们可以选择平庸、无聊、抱怨、烦躁地度过，也可以选择精彩、乐观、豁达、淡定、有意义地度过，关键是自己的选择。想要拥有精彩的创业人生并不难，就是要把创业过程中的每一天过得精彩，需要提醒各位草根创业伙伴的是这个选择权其实在你自己的手中。

创业点评：好的心态，才能将创业变成一种享受

1. 名字的重要性和个人故事。赵刘杨分享了自己名字的由来以及背后的故事，这使得他在创业过程中具有独特的名字优势，容易让人记住。他的个人故事也展示了他坚强的意志和乐观的心态，从小时候的摆摊经历到创业失败再到重新创业的历程，他展现了对自己和团队的奋斗和付出。这种名字的特殊性和个人故事的分享为他赢得了客户和团队的认同和支持。

2. 草根创业者的积极态度和乐观心态。赵刘杨自称是一个实实在在的草根创业者，他的经历和背景让他更能理解草根群体的需求和心态。他展现了积极向上的个性和乐观的心态，无论是面对挫折还是创业的困难，他都能以乐观的态度面对，带给身边的人正能量。他的快乐和自信也影响着团队，让大家感受到创业的乐趣和希望，形成了积极向上的团队氛围。

3. 团队合作和向心力的重要性。赵刘杨强调了团队的重要性，特别是在草根创业的初期，团队的凝聚力和共同努力是取得成功的关键。他愿意与团队一起面对挑战和问题，通过集思广益、共同分析和解决问题，实现共同的目标。他展现了作为团队一员的态度，同时也成为团队的引领者，带动团队向前发展。团队的存在给予了赵刘杨更多的动力和支持，同时也创造了一种归属感和共同成就的体验。

4. 乐观心态和正常思维的重要性。赵刘杨展示了积极乐观的心态和对困难的正常思维。他不将困难和挑战视为不应该发生的事情，而是正视并接受它们的存在。这种积极的态度使他能够更好地应对困难，保持冷静和理性，在面对问题时不失控。他通过经历和反思逐渐调整了自己的心态，意识到情绪和暴躁解决不了问题，开始笑着面对困难，寻找解决问题的方案。这种乐观心态和正常思维也为他在创业路上保持稳定和前进提供了重要支持。

5. 圆融的处理冲突：赵刘杨在面对团队内外的冲突和问题时，展现了圆融

的处理方式。他强调了控制情绪、停下来、静下来的重要性，用以柔克刚的方法处理问题，通过弱化、缓冲、解决方案等步骤来化解矛盾。这种太极思维的处理方式有助于减少冲突的升级，促进问题的有效解决。

6. 改变思维和心态的重要性：赵刘杨提到创业者在面对困难和挫折时需要调整思维和心态，放下所谓的自尊和面子，以更宽广的视角去看待问题。他强调了自我认知、自我定位和责任心的重要性，以及拥抱真实的自己、融入团队的意义。这种心态的转变有助于创业者应对挑战，与团队形成更紧密的联系，并实现个人和团队的成长。

本周自修页（焦点思维表格）

· 根据阅读心得，聚焦核心问题，专注思考。

· 要求填满每一个表格，不用考虑是否合理或严谨，可以替换调整顺序，可增加但不能减少。

· 长期坚持，会发现任何问题至少有八个以上的解决思路。

1	2	3
8	我最大的收获是	4
7	6	5

1	2	3
8	我发现自己的差距是	4
7	6	5

1	2	3
8	我立刻应该采取的行动是	4
7	6	5

后记

不知道你是否完整地看完了本书，看后有何收获与感受？

不知道你是否能够按照本书的建议，每周只读一节，并坚持 21 周认真地完成自修？

其实，我更想知道的是你通过本书是否找到了自己想要的人生方向与创富密码？

在接到本书编写任务的时候我们还在怀疑，世界上真的有能够创造百万年薪的财富密码吗？如果有，为什么有那么多草根创业者依然挣扎在温饱的边缘？

当我们完成了这部书的编写，突然发现，其实对于草根创业者达成百万年薪真的不是梦，因为书中的这些草根创业者已经实现了这一目标，并把他们如何做到的经历、想法与做法毫无保留地奉献给了我们。

但我们从他们身上也可以看到，实现这一目标，需要创业者有耐心、有韧性、有专注、有勇气，因为草根创业逆袭人生最大的密码其实就是简单的两个字——自律。

凡事都要遵守能量守恒的自然法则，如果最终的成功者有且只有 1%，你如何成为最后的胜利者？其实我们从本书中就可以找到答案。

如果你阅读过本书，那么恭喜你已经超过了 50% 的竞争者，很多创业者失败于不学习；

如果你践行了本书中一个或几个有价值的内容，那么恭喜你已经超过了 80% 的竞争者，很多爱学习的创业者失败于知而不行；

如果你能够坚持 21 周读完本书并完成自修、落实于行动，那么恭喜你已经超过了 90% 竞争者，很多不成功的创业者失败于缺乏自律。

剩下的 10% 其实已经不重要了，因为你已经拥有了自己能够把握的人生，创业路上与希望、梦想、爱同行，相信我们，百万年薪只是放在成功路上一个小小里程碑下额外的奖赏。

学无止境，这本书只是我们草根创业逆袭人生系列的第一部，如果有缘，下一部里将会有属于你的传奇，让我们不见不散。